D1671943

Jeder geht seinen Weg

Die Erde ist schön.
Der Himmel ist schön.
Mein Volk ist schön,
mein Herz ist voller Freude.

Wofür es sich lohnt zu leben,
dafür lohnt es sich auch zu sterben.

Hokahey!

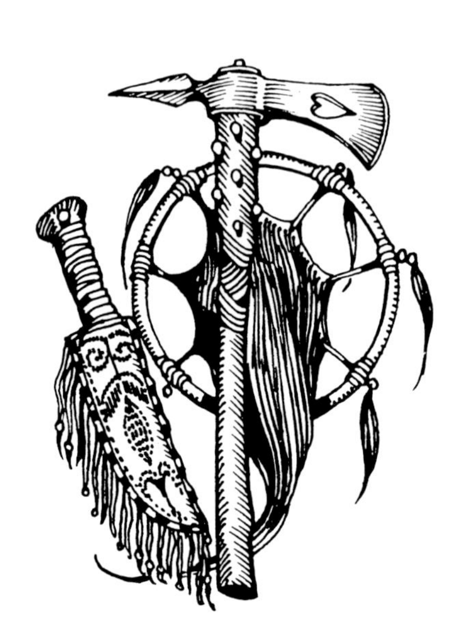

Übersetzt aus der Sprache der Irokesen

Heijo Michel

Jeder geht seinen Weg

Autobiographie

OKAHANDJA

Impressum

CIP-Kurztitelaufnahme der Deutschen Bibliothek
Heijo Michel
Jeder geht seinen Weg
Autobiographie

ISBN 3-923270-12-7

Entwurf und Satz:
RIW-Verlag Okahandja GmbH, Duisburg

Fotografien:
Heijo Michel
3 Aufnahmen Stadtarchiv Duisburg

Titelillustration:
Peter Röseler, Emsdetten

Lithografien, Druck, Einband:
Oppenberg Druck + Verlag GmbH, Duisburg

Printed in Germany 2005

Inhalt

Vorwort

Ein kleiner Junge steht verloren am Strand und weint. Eigentlich hat er keinen Grund oder sollte er unbewusst schon in der Zukunft blättern?
Wohlbehütet ist er mit seiner Mutter und Schwester Gisela an der Ostküste, in Lublin. Den Vater hatte man zu Hause gelassen, er musste sich um die Firma kümmern.

Es war eine unruhige Zeit, mit gewaltigen Umbrüchen, Erfolgen aber auch Ängsten. Die Nationalsozialistische Bewegung riss einfach das ganze Volk mit. Die Aufrüstung hatte gewaltige Dimensionen angenommen, welche immer neue politische Forderungen nach sich zogen. Das Rheinland, Österreich, Tschechien .... jetzt begann das Spiel mit Polen.

Der Pakt mit Russland erlaubte, trotz Drohungen Englands und Frankreichs, den Beginn des, wie es schien, kurzen Krieges mit Polen, zumal die Russen von der anderen Seite einmarschierten. Nach heldenhaftem, verlustreichem Widerstand der Polen, Fahnenschwenken, Bruderküsse und das Land wurde geteilt.

Die politischen und kriegerischen Erfolge waren für die meisten Deutschen, nach der Schmach des verlorenen Ersten Weltkrieges und ihren Folgen, dem von den Alliierten 1920 aufgezwungenen Versailler Vertrag, ein „Traum“ und stärkten letztlich Hitlers Rücken.

Der kleine Junge, gerade drei Jahre, konnte nicht ahnen, welch bittere Jahre auf ihn zukamen und was der liebe Gott mit ihm vorhatte. Aber er weinte.

Lassen wir ihn erzählen!

Kapitel 1

Die Jugend des Krieges

Mein Vater, geprägt von einem starken Leistungswillen, gepaart mit entsprechendem Durchsetzungsvermögen, Ehrlichkeit und Humor, hatte mir seine Eigenschaften mit in die Wiege gelegt.

Unsere Familie bestand 1942 aus Vater Heinrich, Mutter Ella, meinen Schwestern Gisela und Godula, sowie meiner Wenigkeit, dem Stammhalter. Wir wohnten im Rheinland, in Duisburg-Neudorf.

Die ersten Erinnerungen meines jungen Lebens war etwa 1942/43 der „Totale Krieg".

Nacht für Nacht saßen wir in dunklen Kellerräumen oder Gängen und lauschten angsterfüllt auf die Einschläge der Bomben. Meine Mutter versuchte wie eine Glucke, uns mit ihren ausgebreiteten Armen und Händen bei jedem Einschlag vor herabfallendem Putz und dem Staub, der von der Decke rieselte, zu schützen. Es war für uns Kinder auch eine seelische Qual, denn die älteren Mitbewohner konnten nicht alle ihre Angst verstecken, sie weinten still.

Das Dröhnen und Vibrieren der fallenden Bomben hat sich seit dieser Zeit in meinem Gedächtnis festgesetzt. -

An eine Nacht kann ich mich besonders gut erinnern. Ein Bewohner des Hauses nahm mich mit auf den Dachboden des fünf Geschoss hohen Miethauses. Durch kleine, rechteckige Fenster konnte man nach dem Abzug der Bomber das Inferno nach der ungleichen Schlacht gut beobachten. Überall sah man neben den vielen brennenden Häusern immer noch Phosphorbomben, sowie die Tausenden Stücke der brennenden Phosphorstreifen in der Luft. Es stank bestialisch, man konnte kaum atmen. Die Ludgerikirche brannte lichterloh, und ich sah, wie der brennende Turm sich langsam seitwärts neigte und zusammenbrach.

Wenige Fernstrahler der Flugabwehr suchten noch mit ihrem Licht den Himmel nach Flugzeugen ab.

Ich sah keine Industrie, nur brennende Wohnviertel!

Später las ich mal in einer Stellungnahme eines Kriegshistorikers: „Die Industrie wurde teilweise nicht bombardiert, weil man sie nach Eroberung dieser Gebiete nutzen wollte"......

Ostern 1943; Vater hatte ein Haus in Duisburg-Duissern erworben. Wir zogen um.

Da der Vorbesitzer noch keine neue Bleibe gefunden hatte, räumte er für unsere Möbel Wohn- und Esszimmer. Alle Räume waren nun voll!

Nur wenige Tage lebten wir dort, als durch einen weiteren Großangriff alle Träume zerbarsten. Ich sehe es noch heute: während ich auf der Gartenwiese stand, war meine Aufgabe, mit einem Fichtenzweig die vielen Funken von dem Kinderwagen, in welchem meine kleine Schwester Godi lag, zu wedeln, wie mein Vater immer wieder ins brennende Haus lief. Aus einem Fenster des oberen Stockwerkes warf er Wäsche, Kleinigkeiten etc. Meine Mutter sammelte alles auf und brachte es in den hinteren Garten.

Plötzlich sahen wir, wie mein Vater unter brennendem, einstürzenden Gebälk mit unserem großen, schweren Seekoffer aus dem Treppenhaus zum Garten, kam.

Immer wieder hat meine Mutter in späteren Jahren diese Geschichte erzählt. „Mit diesem schweren Koffer, hatten schon zwei Männer Schwierigkeiten." Es war fast unglaublich. Sicher hat der starke Koffer, den er über Rücken und Schulter trug, auch Schutz gegen die brennenden, herunter fallenden Teile gewährt.

Wir hatten große Verluste an Möbeln, Wäsche, Gemälden und Vaters Stolz seine Briefmarkensammlung und sein Schachspiel aus Elfenbein, praktisch hatten wir alles verloren.

Organisieren und Kontakte in dieser Zeit waren Vaters Stärke. Im Handumdrehen brachte er uns über Nacht in das unter deutscher Verwaltung stehende Luxemburg, in das Dorf Hosingen, hier hatte er eine Jagd gepachtet.

Eine leergeräumte Bäckerei wurde unser neues Heim. Die Backstube war voller Mäuse, die Küche unterkellert. Der Weg zum Eingang führte über eine Treppe und einem langen Gang von etwa zwei Metern Breite. Dieser Weg war begrenzt von der Hauswand an der einen Seite und einer hohen Bruchsteinmauer, welche das benachbarte Gelände und eine katholische Kirche einfasste, an der anderen Seite.

Nie werde ich die wunderschönen Chorgesänge einer dort ansässigen Bruderschaft vergessen, deren Klang und Anmut leider nicht die immer häufigeren und größeren Bomberverbände der Amerikaner und Briten – Flug Richtung Ost – übertönen konnten.

Ich ging hier zur Volksschule und fand meinen ersten Freund, Theo Hamelius. Wir verstanden uns bestens und heckten so manche Streiche aus. An den Nachmittagen sammelten wir bei den Müttern unsere Butterbrote und zogen in den Wald. Oft besuchten wir vorher den netten Schreiner des Ortes, bewunderten seine feinen Drechslerarbeiten und kamen zu der Erkenntnis: Später werden wir Schreiner!

Am Waldrand lag der Friedhof des Ortes. Einmal, aus welcher Laune auch immer, hatten wir von einem Grabstein goldene Lettern, die Anfangsbuchstaben unserer Namen, sauber abmontiert und mitgenommen. – Mutter hatte Mühe, die Polizei zu beruhigen.

Vater kam öfter zum Wochenende. Er saß dann mit seinen Jagdfreunden in einem Gasthaus, die Fremdenzimmern waren im ersten Geschoss. Theo und ich hatten uns Schwerter, besser gesagt Seitengewehre geschnitzt. Bei den Offizieren konnte man an diesen Insignien schöne Anhängsel in der Form eines Eichzapfens sehen.

In den Fremdenzimmern des Gasthauses lagen vor den Frisierspiegeln Parfümzerstäuber mit ähnlichen Anhängseln. Schnell hatte ich Theo überredet, und während noch die Jäger ihre Lieder sangen, schlichen wir wie Indianer in die offenen Zimmer und eigneten uns diese schönen „Tannenzapfen“ an.

Unbedarft waren wir später wieder im Restaurant, natürlich mit unseren „Schwertern“. Die Antworten auf die Fragen meines Vaters müssen ihn nicht befriedigt haben, denn ich bekam die erste richtige Tracht Prügel von ihm. Mutter taten diese Schläge sehr weh. Sie nahm mich in ihre Arme und ich spürte, dass eine Mutter im Herzen immer eine Stelle zum Verzeihen hat.

Noch eine ernste Geschichte. Meine Schwester Godi konnte inzwischen laufen und hatte schon Ordnung gelernt. Jedes Stück Papier, Pappe oder Zeitung gehörte in die kleine Kohlentonne, welche direkt neben dem Herd stand, und dieser war an.

Vater hatte irgendwo eine halbvolle Packung Jagdmunition stehen lassen. Godi räumte auf und Mutter schüttete Kohlen nach....

Wieder einmal hielt jemand die Hand über uns. Die lautstarken Explosionen, welche den Herd immer hochspringen ließen, erfolgten einzeln. Mutter war mit meiner Schwester Godi in die Backstube geflüchtet, Gisela in den Laden und ich in den Keller. Immer, wenn einer vorsichtig versuchte, seine Türe zu öffnen, sprang gerade der Herd wieder in die Luft. Es war ein beindruckendes, gefährliches Schauspiel!

Endlich hörten die Explosionen auf und Mutter schickte Gisela zum Vater, um diesen schnellstens zu holen.

Er löschte und suchte in der Asche solange Patronenhülsen, bis er eine bestimmte Stückzahl gefunden hatte.

Die häufigen und immer länger werdenden Phasen der Trennung, die Wirren des Krieges und sicher auch andere Umstände führten schließlich zur Entfremdung zwischen meinen Eltern.

Mein Vater hatte aber auch eine neue Verbindung, und wenige Monate vor der Geburt meiner Halbschwester Karin fand die Scheidung statt.

Meine Mutter war verzweifelt, sie stürzte sich in Arbeit und fand sie in der kleinen Bibliothek des Ortes.

Deutlich merkte man, dass zunehmend die Stimmung der Bevölkerung umschlug. Denn die erfolgreiche Landung der Alliierten in der Normandie, der Durchbruch des Westwalls, warf dunkle Schatten. Es war nur eine Frage der Zeit, bis die Westmächte da waren.

Vater entzog sich nicht der Verantwortung für seine Familie. Er organisierte eine erneute Umsiedlung nach Mitteldeutschland. Der große Seekoffer, unser treuer Begleiter, wurde wieder gepackt.

Diesmal galt die Flucht vor den Amerikanern. Zunächst über Duisburg nach Mitteldeutschland, und dort fanden wir eine Bleibe in Gardelegen hinter Magdeburg. Ein möbliertes Schlafzimmer für Mutter und drei Kinder! Die Versorgung mit Lebensmitteln war sehr dürftig.

Trotzdem bildeten sich Freundschaften und wir gingen zur Schule, Gisela zur Höheren Schule.

In den Frontnachrichten konnte man immer deutlicher zwischen den Zeilen die schlechte militärische Lage heraushören. Von der östlichen Seite waren die Russen auf dem Vormarsch, vom Westen hatten die Amerikaner die Elbe überschritten, und die Engländer waren vom Norden im Anmarsch.

Von einem in der Nähe liegendem Konzentrationslager waren Häftlinge ausgebrochen. Als Neunjähriger wurde ich aus nächster Nähe Zeuge, wie auf dem Marktplatz ein Häftling in gestreifter Kleidung, von einem in schwarzer Uniform gekleideten Mann in den Kopf geschossen wurde. Es herrschte Anarchie.

In der Nähe des Ortes war ein verlassener kleiner Flugplatz. Für uns Jungens der „ideale" Spielplatz: Ausrangierte, kleinere Flugzeuge, Werkzeuge und weit verstreut die Phosphorstreifen, welche ich nur zu gut aus den Tagen in Duisburg kannte. Welchen Gefahren wir uns damals aussetzten, davon kann man im Nachhinein noch Angst bekommen.

Eines Tages hörten wir aus der Richtung der nahen Straße gewaltige Kettengeräusche von Panzerfahrzeugen, Lastwagen etc. Schnell waren wir zur Stelle. Ein riesiger Konvoi amerikanischer Militärfahrzeugen rollte an uns vorbei. Schwarze Männer saßen in den offenen Türmen ihrer Panzer und warfen uns, freundlich lächelnd, Schokoladenriegel zu. Wie lange hatte ich keine Schokolade gegessen? Hatte ich eigentlich schon einen Menschen in anderer Hautfarbe gesehen?

Wenige Tage später kamen die Engländer. Sie scherzten mit den deutschen Frauen. Jeder war frohen Mutes, alle hofften am Ende des großen Dramas angekommen zu sein!

War jetzt alles vorbei?

Nein! Es war nicht so.

In den Nachrichten überstürzten sich die Meldungen. In der Nacht vom 13. Februar 1945, wenige Tage vor dem Ende des grauenhaften Krieges, erlebte Dresden den schwersten Luftangriff auf eine deutsche Stadt im Zweiten Weltkrieg.

„Bomber Harris" nannte die Aktion „Operation Thunderclup" (Donnerschlag) 773 britische Bomber verwandelten das „barocke Elbflorenz" in ein Trümmerfeld ohnegleichen. Rund 80 000 Wohnungen wurden zerstört, 35 000 Menschen starben.

Zwei weitere Angriffe im frühen Morgen, diesmal von der US-Airforce geflogen, auf das bereits vollständig zerstörte, mit Tausenden Flüchtlingen aus dem Osten überfüllte Dresden, folgten. Das Leiden dieser Kriegstage muss unbeschreiblich gewesen sein.-

Wohlwollend sollte man hier aber erwähnen, dass die anschließenden, befohlenden Tieffliegerangriffe auf die Zehntausenden Stadtflüchtlinge, nach authentischen Aussagen, von vielen Piloten nicht befolgt wurden. Sie haben bewusst vorbeigeschossen!

Hierzu passt die heutige Aussage von Russlands Präsident Wladimir Putin:

Unsere westlichen Alliierten haben sich damals nicht durch besondere Menschlichkeit hervorgetan. Mir ist es bis heute völlig unbegreiflich, warum Dresden noch vernichtet werden musste. Aus Sicht der Kriegsführung bestand damals dafür überhaupt gar keine Notwendigkeit.

Die Spannungen zwischen den Achsenmächten und Russland nahmen zu. In Schleswig-Holstein blieb u.a. ein gefangener Truppenverband von mehreren Divisionen deutscher Soldaten unter Waffen. Churchill war einer der Vorreiter, um evtl. die geschwächte Sowjetunion unter Kontrolle zu bringen.

Doch Stalin ließ sich nicht überrumpeln. Die Folge war, dass ein Viermächteabkommen die Besetzung Mitteldeutschlands neu „regelte". Der Sowjetunion fiel diese Aufgabe zu!

Panik breitete sich aus. Jeder hatte von den Gräueltaten der Russen gehört. Für jeden Deutschen stand Russland als Synonym für Kommunismus, Konzentrationslager, Menschenverachtung, Proletariat etc. Es stand den Menschen ins Gesicht geschrieben.

Es gab nur eine Lösung – Flucht in den Westen.

Stadtmitte Duisburg, meine Geburtsstadt, 1928

Duisburger Stadttheater, 2000

Mutter mit ihren Brüdern Hans und Walter

Mein Großvater

Meine glücklichen Eltern

Geschwister Gisela und Godula

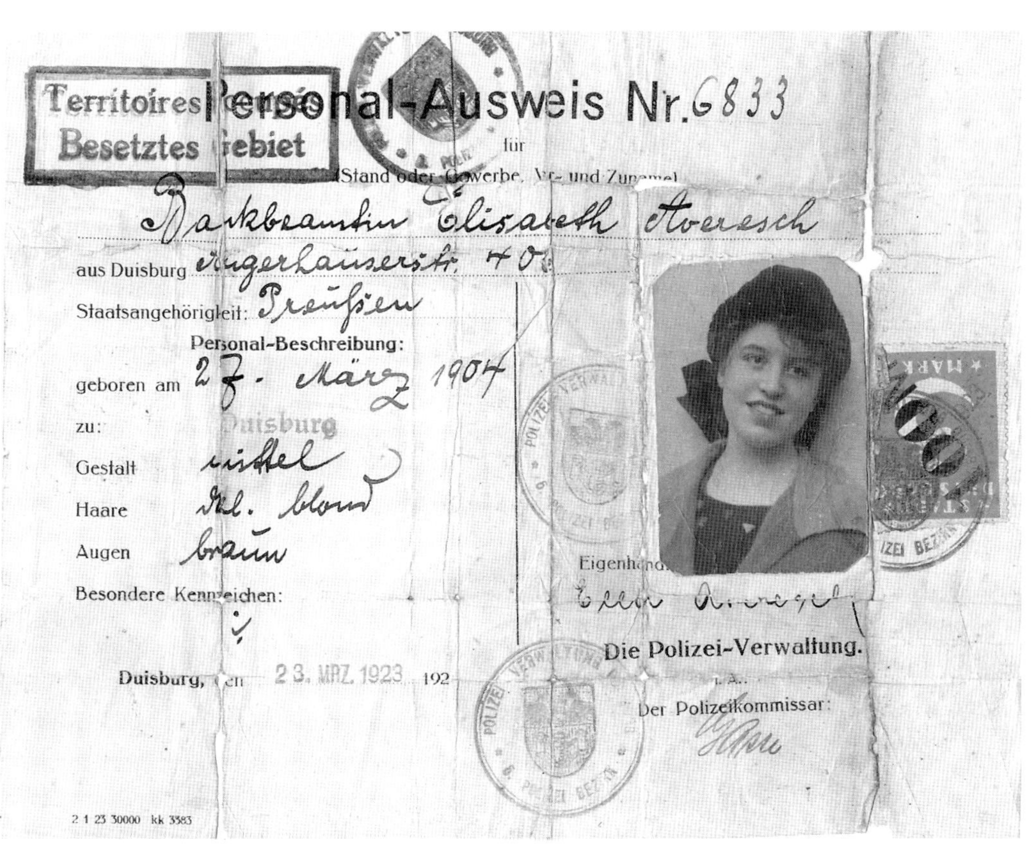

Territoires [occupés]
Besetztes Gebiet

Personal-Ausweis Nr. 6833

für

(Stand oder Gewerbe, Vor- und Zuname)

Bankbeamtin Elisabeth Averesch

aus Duisburg Angerhauserstr. 40

Staatsangehörigkeit: Preußen

Personal-Beschreibung:

geboren am 27. März 1904

zu: Duisburg

Gestalt mittel

Haare dkl. blond

Augen braun

Besondere Kennzeichen: –/–

Eigenhändige [Unterschrift]

Die Polizei-Verwaltung.

I. A.

Der Polizeikommissar:

Duisburg, den 23. MRZ. 1923 192

2 1 23 30000 kk 3383

Der Ausweis im besetzten Gebiet

Kapitel 2

Diesmal konnte mein Vater nicht helfen

Ich muss ein wenig zurückblättern. In den Augen meiner Verwandtschaft mütterlicherseits, sie waren katholisch, war die Scheidung meiner Eltern eine Sünde. Dazu kam noch: eine Frau mit drei Kinder sitzen zu lassen, – unmöglich! Da mussten andere Mittel, eine Bestrafung arrangiert werden.

Der Bruder Walter meiner Mutter, mein Patenonkel, ein ranghoher Offizier in Frankreich, ließ seine Beziehungen spielen, und mein Vater wurde doch noch eingezogen! –

Sein Einsatz war in Italien. Unser Bündnispartner war lange abtrünnig, so hatte mein Vater gleich zwei Feinde, die Engländer mit ihren Gurkas, den speziellen Bergjägern aus dem Himalaja, und die Italiener.

Sein Kampfgebiet war Tirol. Bei einem Tieffliegerangriff sprang er in eine unweit stehende kleine Kapelle. Eine Bombe zerstörte diese kleine Gebetsstätte und Vater wurde verschüttet. Er blieb unter der schräg gestürzten Decke, leicht verletzt, einige Stunden liegen. Selber konnte er sich nicht befreien. Ein Tiroler Bauer, welchen ich in späteren Jahren mal besuchte, rettete ihn, und er kam in Gefangenschaft.

Mein Onkel Walter, ich mochte ihn sehr gern, fiel in den letzten Tagen des Krieges.

Nun war ich mit neun Jahren der Mann in der Familie.

Erneut wurde der große Seekoffer gepackt. Unsere kleine Godi kam in den Kinderwagen und der große Koffer obendrauf. Mutter brauchte sich nur in den Strom der Flüchtlinge einzureihen, denn alles strebte nach Westen, zur nächsten Stadt, zur nächsten Bahnstation.

Der Flüchtlingsstrom wurde immer größer, was zur Folge hatte, dass die Russen Tiefflieger einsetzten, um die Menschen aufzuhalten. Bei solchen Aktionen hieß es nur, Kinderwagen umkippen, Schwester Godi raus, und ein Sprung in den Straßengraben. Manchmal waren es auch sehr schlechte Feldwege, und man konnte sich nur flach auf den Boden werfen. Ich sah Tote und Verletzte.

Bei solch einer Attacke fand ich in einem Straßengraben einen Klappspaten eines deutschen Soldaten, mit grüner Ledertasche, fast ungebraucht. Es wurde mein ganzer Stolz.

Irgendwann hatten wir dann den nächsten, teilweise zerbombten, Bahnhof erreicht. Stundenlange Wartezeit stand uns bevor.

Für den Weg ins Ruhrgebiet, ca. 600 km, brauchten wir ganze vier Tage. Normale, dunkle Güterwagen waren fast noch Luxus, einmal saßen wir auf einem beladenen Kohlewaggon, ich glaube, die Kohle war durch den Regen zu Schlamm geworden. Auf den von Granaten zerstörten Bahnhöfen versorgten uns Schwestern des Heeres. Die Wurst auf den Broten war, verständlich bei den stundenlangen Wartezeiten, teilweise verschimmelt. Wir waren jedoch froh über die großartige Hilfsbereitschaft.

Überall waren die Menschen auf der Flucht, keiner störte sich daran, wenn einer noch in seiner KZ-Kleidung herumlief.

Meine „schlimmste" Kriegserinnerung aus dieser Zeit war der Verlust meines Klappspatens, was kein Wunder war bei diesem Durcheinander. Ich bin aber dem Schicksal sehr dankbar, überhaut mit dem Leben davon gekommen zu sein.

Insgesamt haben im Zweiten Weltkrieg 45 Millionen Menschen, Soldaten und Zivilisten ihr Leben verloren.

Es wäre müßig, jetzt darüber zu richten, wer der eigentlich Schuldige war. Meiner Ansicht konnte der Friedensvertrag von Versailles niemals die Grundlage eines langen Friedens sein.

Neben den Demontagen, Wirtschaftsbeschränkungen, Besatzungslasten, Reparationen und Wiedergutmachungen waren es aber auch die gewaltigen Gebietsverluste.

Posen und Westpreußen an Polen; Oberschlesien an Polen; Hultschiner Ländchen an die Tschechoslowakei; die Freie Stadt Danzig; Memelland an Litauen; Nordschleswig an Dänemark; Eupen-Malmedy an Belgien; Elsaß-Lothringen an Frankreich; das Saargebiet und Ruhrgebiet blieben unter französischer Besatzung.

6,5 Millionen Menschen waren ihrer Heimat beraubt und bildeten quasi den Samen für eine neue Auseinandersetzung.

Reichsparteitag Nürnberg, 1934

Unser Unterschlupf, Luxemburg, 1943

Fahnenübergabe, 1938

Zerstörte Räderboote vor der Werft Ewald Berninghaus im Außenhafen, 1945

Vormarsch in Russland, 1943

Kapitel 3

Die ersten Jahre der Nachkriegszeit

Endlich hatte der letzte Zug uns in Duisburg wieder ausgespuckt. Wir fanden zunächst Unterkunft bei meinem Großvater. Die Wohnung war klein, aber es klappte.

Unsere wenigen Habseligkeiten brauchten nicht viel Platz, denn auf der langen Reise war uns unser großer Seekoffer abhanden gekommen.

Meine Mutter hatte finanzielle Probleme durch die Scheidung, jedoch half hier der Prokurist unserer Firma, Willi Brust, denn Vater war noch in Gefangenschaft. Auf Anordnung meines Großvaters musste ich meinen Glauben wechseln und kam in die katholische Volksschule.

Eines Tages erschien im Vorgarten meines Großvaters eine Frau, welche ich aus dem Osten wiedererkannte. Sie fragte nach meiner Mutter und erzählte ihr, dass sie unseren schweren Seekoffer auf der Gepäckabfertigung des Dortmunder Hauptbahnhofes gesehen hatte. Die Markierung war immer noch der Name meiner Mutter. Wir bekamen ihn zurück!

Die Nachforschungen meiner Mutter, hinsichtlich unserer Wohnung in Neudorf, war aufregend. Diese war von Amts wegen geteilt worden, und in der einen Hälfte lebte ...... „Tante Helga", die zweite Frau meines Vaters. Meine Mutter geriet außer sich, denn dort waren noch Möbel von uns, insbesondere ein großer Herd, welchen Mutter mit eingebracht hatte.

Mit dem Vermieter hatte sich meine Mutter bald wieder arrangiert. Bei dem Auszug von Tante Helga war Mutter mit mir dabei. Als die Möbelpacker auf Anweisung von Tante Helga den Herd abtransportieren wollten, wurden die beiden Frauen zu Furien ...... der Herd blieb schließlich in unserer neuen Wohnung.

Einige Monate später kam mein Vater wieder aus der Gefangenschaft. Er wollte alles auf einmal machen. Die zerbombte Firma fand ihren Anfang in einer Baracke, auf dem alten, gepachteten Gelände der Duisburger Hafengesellschaft.

Der Anbau seines ausgebrannten Hauses wurde mit den in dieser Zeit zur Verfügung stehenden Mitteln wieder aufgebaut, und auch hier zeigte sich wieder das ausgezeichnete Organisationstalent meines Vaters, ein großer Vorteil in solchen Zeitabschnitten.

Schnell wurde ich auch wieder protestantisch und besuchte eine neue Schule.

Der erste größere Riss in der Beziehung zwischen meinem Vater und mir zeigte sich bald. Sein Wiederaufbau war größtenteils fertig, und er zog mit seiner Frau und Tochter dort ein. Er wollte jedoch, mit dem Hinweis auf die zu kleine Wohnung meiner Mutter, seine drei Kinder aus erster Ehe bei sich haben. Meine Schwestern stimmten zu, ich lehnte ab und blieb bei meiner Mutter.

Ich glaube, das war die Geburtsstunde der nun fortwährenden Spannungen zwischen Vater und Sohn.

Alle Menschen atmeten spürbar auf. Aus Schutt und Asche erwuchs auf wirtschaftlicher Seite ein führendes Land in der Welt. Das deutsche Volk zeigte mit neuem Lebenswillen und ungeheurer Anstrengung, was machbar war. Die politische Seite hatte unser Kanzler Konrad Adenauer geschickt in der Hand.

1945 war der Krieg zu Ende. 1959 holte er die letzten Gefangenen Soldaten aus Russland!!

Die politischen Spannungen mit dem Ostblock festigten jedoch die Teilung Deutschlands. Die Menschheit stand unter ständigem Druck eines neuen Weltkrieges.

In dieser Zeit machte ich meinen Abschluss auf der Realschule in Duisburg. Eine Bewerbung, mit Hilfe eines Freundes meines Vaters, bei der DEMAG AG in Duisburg um eine Praktikantenstellung wurde positiv entschieden. Es begann mein Praktikum Maschinenbau, als Vorstufe zum Ingenieurstudium.

Zwei Jahre lang wurde ich mit vielen Dingen vertraut gemacht: Von der Grobschmiede, der Modellschreinerei, der Gießerei, der Härterei, der Dreherei, der Montage, ein Jahr in der Lehrwerkstatt meth. Ausbildung. Es wurde nichts ausgelassen. In den Sommermonaten war ich zwei Monate in der Grobschmiede damit beschäftigt, rotglühende Walzen, welche andere Arbeiter aus dem Glühofen holten, von der Höhe so in einem Krangehänge zu führen, dass der Schmiedehammer seine Arbeit korrekt machen konnte.

Wir arbeiteten mit freiem Oberkörper, und ich trank vier Flaschen Milch pro Tag. Es war eine schöne Zeit, welche in praktischer Hinsicht die vielen Theorien verständlich machte.

Großangriff auf Dresden, 1945

Kapitel 4

„Jenseits des Tales standen ihre Zelte ....“

„... vor dem roten Abendhimmel quoll der Rauch. Das war ein Singen in dem ganzen Heere, und ihre Reiterbuben sangen auch.“

Romantik pur! In einer Zeit, in welcher wir nichts richtiges zu beißen hatten.

Mein erster Kontakt zur Jugendbewegung. Der „Wandervogel“ ordnete meine Gedanken und brachte einen neuen Freundeskreis.

Der Zusammenhalt machte uns stark. Der Rückblick und der vorsichtige Wiederaufbau Deutschlands, die Erinnerung an die zackige Hitlerjugend, schweißten uns regelrecht zusammen. Was waren wir stolz auf unsere ersten gleichen Hemden mit dem aufgenähten weißen Wandervogel oder die schwarze Jugendschaftsjacke. Kurze Hose war Ehrensache, bis in den tiefsten Winter.

Wenn am Lagerfeuer die Klampfe erklang, wir in den Nachthimmel unsere Lieder schmetterten, vergaßen wir alle Unbill.

„Wir kennen Europas Zonen, vom Ural bis westlich Paris, die Händel der Großen Nationen sind für uns nur ein fauler Beschiss......“

Solche Lieder bestätigten geradezu, wie geschickt unsere Politiker taktieren mussten, damit Deutschland wieder in der Völkergemeinschaft einen ehrenvollen Platz bekam.

Im Nachhinein muss ich jedoch feststellen, dass in unserem Kreise sich nie linke Gruppen bildeten. Wir waren einfach stolz auf unsere Heimat.

„Langsam reitet unsere Horde, neuem Kampf und neuen Taten zu ....“ waren Lieder, die uns befreiten von der Last, die die Welt uns aufdrückte.

Wir sahen die Verantwortung unserer Väter, bäumten uns jedoch zu einer ganz anderen Freiheit wieder auf.

Selber wollten wir die Welt erforschen, eine neue Zeit schwebte uns vor!

Unsere Fahrten führten uns in den ersten Jahren kreuz und quer durch Deutschland. Das freie Leben, die jährlichen Gautage und der Bundestag formte eine neue, stolze Jugend zusammen.

Es schlug aber auch nicht um, wenn auf großen Treffen die Jungen ihre Trommeln und Trompeten erklingen ließen, denn die Zeit der Hitlerjugend lag noch nicht so weit zurück.

Unsere Gruppe hatte eine schwarze Kote, ein Indianerzelt, wie es die Lappen in Nordschweden auch verwenden, erworben, womit wir Aufsehen erregten. Ein Feuer brannte in der Mitte und wir Freunde lagen im Kreis.

Es folgten die Fahrten ins Ausland. Nach Frankreich, nach Italien in die Dolomiten, nach Griechenland, Holland .... Einmal trampte ich allein durch Schweden bis zum Nordkap.

Ein Freund hatte die Idee, „Fahrten" kann man auch mit einem Schlauchboot machen, er hatte irgendwo gelesen, dass unter gebrauchten US-Militärartikeln auch Brückenbauboote zu kaufen waren. Die Köpfe rauchten – wie kommen wir an finanzielle Mittel?

Da waren doch noch die Fahrtenzuschüsse der Stadt für unsere Gruppenkasse! Kurzum, wir kauften ein Schlauchboot von ca. fünf Metern Länge für DM 90,– von einem Versandhaus. Einen Anlegeplatz hatten wir in der Ruhraue, unsere ersten Manöver fanden auf der Ruhr statt.

Wild waren die Fahrten auf dem Rhein.-

Hier hieß es dann, durch Treiben und Paddeln an die Bordwand eines Schleppkahns zu kommen, sich rheinaufwärts ziehen zu lassen und mit der Strömung zurück. Eine einfache Sache! Aber nicht immer klappte es.

Einmal, wir hatten uns bei „wildem" Wasser mal wieder an einer Bordwand „verkrallt", als der Sog und die eigene Bugwelle gewaltige Mengen Wasser ins Boot spülte. Die Schlauchkammer zum Schiff riss mit lautem Knall, Gepäck spülte über Bord, Quampus versuchte mit seinem Poncho abzudichten, zwei Freunde und ich gingen über Bord.

Nachtragen muss ich, es war die Rückfahrt eines Wochendausfluges. Ich hatte mir einen fürchterlichen Sonnenbrand zugezogen und duldete nicht die kleinste Fluse auf meinem Körper. Meine Lederhose und hohe Schuhe hatte ich an. Ich trieb in der starken Strömung schnell flussabwärts, konnte mich mit den hohen Schuhen gerade noch aus dem Gefahrenbereich eines entgegenkommenden Schiffes manövrieren und landete an dem Ufer eines Rheincafes. Viele Menschen hatten mein Kommen stehend beobachtet!

Wir waren einfach lebenshungrig!

Ich fand in dieser Zeit viele gute Freunde und gab, glaube ich, meinem Leben eine Richtung.

Der „Wandervogel" war in dieser Zeit eine Seite meines Lebens.

Meine Freunde aus der Jugendbewegung

Kapitel 5

Die wilden Jahre

In der Etage über der Wohnung meiner Mutter gab es noch ein Mädchenzimmer mit einem Zugang vom Treppenhaus. Dies wurde mein Domizil für die kommenden Jahre. Obwohl ein Wasseranschluss fehlte, hatte ich ein Aquarium in meinen eigenen vier Wänden und eine sturmfreie Bude.

In der Praktikantenzeit bei der DEMAG AG, Duisburg, in den Praktikantenkursen der Vorstufe zum Studium, zeigten mir meine Kommilitonen eine andere Seite des Lebens, die Phase des Jazz, des „boheme" und der schönen Mädchen.

Aber auch die Verbindung zur Natur. Mein Vater hatte eine Jagd im Westerwald gepachtet. Zeitweise nahm er mich zum Wochenende mit. Die Jagd schlechthin nahm von mir mehr und mehr Besitz, ich absolvierte die Jägerprüfung und wurde zum „Beutemenschen".

Der Übergang vom zweijährigem Praktikum zum Studium musste verschoben werden, denn in dem Ausleseverfahren – 50 von ca. 200 wurden von der Universität nur aufgenommen – war ich nicht dabei. Eine kluge Entscheidung meines Vaters, den Besuch einer zweijährigen, Höheren Handelsschule dazwischen zu schieben. Gleichzeitig trug man mich bei der Handelskammer in die Rolle zur Kaufmannsgehilfenprüfung ein. Nach Abschluss der Handelsschule folgte ein Jahr als Kaufmännischer Lehrling bei RIW.

Die erste große Liebe zerbrach fast an dem Widerstand meines Vaters.

Die Mutter meiner späteren drei Kinder kam aus einfachen Verhältnissen und war hoch verschuldet durch den Konkurs einer Wäscherei, welche die Eltern auf ihren Namen gegründet hatten, außerdem war sie katholisch. Vater hatte sicher etwas besseres mit mir vor. Jedoch stießen hier wieder zwei Dickköpfe aufeinander. Mit einer kleinen Annonce – Wir verloben uns – zeigte ich meinen Willen und Widerstand.

In den letzten Monaten meiner Lehre ging ich wohl zur Berufsschule, mied jedoch, aus verständlichen Gründen, die Firma meines Vaters, arbeitete aber auf dem Bau. Eine Bewerbung bei den Klöckner Werken sicherte eine Stellung als Industriekaufmann in Stuttgart. Kurz vor der bestandenen Prüfung erhielt ich ein Schreiben von der Firma Klöckner Werke: „Da Sie nicht in Ihrer Ausbildungsfirma tätig sind, sondern einen zweiten Arbeitsplatz haben, können wir Sie nicht mehr für den vorgesehenen Posten berücksichtigen". Das war ein Hammer.

Pläne für eine Auswanderung nach Canada wurden geschmiedet, Pässe beantragt. Meine Mutter beschwor uns mit tränenden Augen, zu bleiben, sie wollte nicht noch einen „Mann" verlieren.

Letztlich siegte die Vernunft. Ich bewarb mich um einen Studienplatz an einer Technischen Hochschule bei Basel und beendete dort mein Ingenieurstudium. Gelegentliche Aushilfsarbeiten, etwas Erspartes, brachte mich über die Runden.

Nun, ich hatte meinen Handlungsgehilfenbrief und bekam nach Abschluss der technischen Seite mein Diplom.

Die Frage des Auswanderns stand noch im Raum, aber ich wagte, mit Diplom behaftet, ein letztes Gespräch mit meinem Vater. Er war älter geworden, hatte aber nicht seine herrschende Rolle verloren. Nach längerem Gespräch hatte er mich zum Bleiben überredet.

Eine Anstellung in seiner Firma, Anfangsgehalt 1959 300,– DM, war meine Startbasis.

Bei der nun bald folgenden Hochzeit waren wir zehn Personen. Mein Vater war nicht dabei. Nach dem Standesamt fuhren wir mit dem Zug ins Sauerland. Der evangelische Pastor, ein weltoffener Mann, erklärte meiner Frau, wo und wann sie am anderen Tag, vor der kirchlichen Trauung, ihre Kirche finden konnte.

Er wählte als Trauspruch: „Die mit Tränen säen, werden mit Freuden ernten!"

Die wilden Jahre waren nun gezähmt. Ich hatte einen Beruf, eine Aufgabe und schon bald wurde mit großer Freude die Geburt des ersten Kindes, eines Sohnes, gefeiert.

Immer war ich voller Tatendrang und hatte nicht eher Ruhe, bis eine Wohnung gefunden war. In Duisburg-Duissern, 58 qm, ein Traum in dieser Zeit.

Es folgte das erste Auto, ein 1300 FIAT, bezahlt mit dem km-Geld für die vielen Fahrten zu den Stahlwerken Europas. Es war die Aufbauphase meiner neuen Sparte, in der Firma RIW. Davon später mehr. Bald kauften wir den ersten Teppich, den ersten Fernseher, erlaubten uns den ersten bescheidenen Urlaub. Dann die Geburt Olivers, später Petras. Mein Gott, was wollte man mehr, die Welt lag einem zu Füßen.

Doch die Spannungen zwischen meinem Vater und mir häuften sich. Die privaten Kontakte beschränkten sich auf Kurzbesuche sonntagvormittags. –

Aber mehr und mehr trat als Ausgleichsfaktor die Jagd in den Mittelpunkt meines Lebens.

Der Anfang, 1924

Zerstörung, 1944

Kapitel 6

Die Firma

Die Gründung der Firma „Rheinische Isolierwerke GmbH“ 1924 hat eine Vorgeschichte.

Mein Vater hatte seine Lehrzeit bei der Firma Haniel & Cie erfolgreich beendet und wurde als Angestellter übernommen. Neben seiner Arbeit bei dieser Weltfirma machte er in seiner freien Zeit Hilfstätigkeiten in der Buchhaltung und bei den Schreibarbeiten in einer kleinen Isolierfirma.

Es war eine miserable Zeit, und schon bald gaben die Besitzer auf. Beherzt ergriff Vater Michel diese Chance.

Trotz des frühen Todes seines Vaters und als einziger Ernährer der Familie – Mutter, Schwester und Bruder – wagte er einen Neuanfang mit neuem Namen.

Die Wirren des Ersten Weltkrieges führten durch schwierige Wasser. Das Rheinland war noch von den Franzosen besetzt; Die Inflation nahm gewaltige Formen an, und die politischen Gruppen kamen aus allen Löchern; Einer fand und sammelte mit großen Aufmärschen die meisten Anhänger hinter sich! Das dritte Reich bildete sich langsam.

Die zunächst vorgesehene Hochzeitsreise meiner Eltern wurde immer wieder verschoben. Doch meine Schwester Gisela wurde am 29. Februar 1932, einem Schaltjahr, geboren.

Langsamer Aufstieg der Firma. Die politischen Kapriolen nahmen stärkere Formen an, aber auch die Konjunktur.

Dann erblickte ich das Licht der Welt, im Juni 1936. Mein Vater war, nach den Erzählungen meiner Mutter, überglücklich, er soll angeblich drei Tage nicht nüchtern geworden sein.
Wer in dieser Zeit vorankommen wollte, insbesondere Aufträge aus der Industrie sichern wollte, musste Parteimitglied sein!

Mit vier Jahren verschluckte ich Vaters Parteiabzeichen – zum Glück war die Anstecknadel abgebrochen. Der herbeigeholte Arzt riet zum Abwarten.

Nach zwei Tagen konnte mein Vater stolz verkünden: „Mein Sohn hat mein Parteiabzeichen ausgeschissen!“

In den ersten Jahren der „braunen Herren“ herrschte Hochkonjunktur! RIW hatte allein bei Dynamit Nobel AG in Mitteldeutschland fast 200 Leute beschäftigt. In der Richtung lief alles zum Besten. Vater träumte in der Zeit sogar von einem Rittergut in Ostpreußen, wie er mir später erzählte. –

Beim Zusammenbruch des Deutschen Reiches waren nicht nur die Baustellen im Osten verloren, sondern auch große finanzielle Verluste für die Firma wurden offenbar.

Die Entwicklung zur Größe der Firma, Ende des Krieges, hatte im Vorfeld dazu geführt, dass Vater sich einen Teilhaber ins Geschäft genommen hatte. Leider blieb auch er, in den letzten Kriegsjahren eingezogen, auf dem Feld der Ehre.

Bei Abschluss des Gesellschaftervertrages hatten beide 50% der Anteile. Da der Partner keine Nachkommen hatte, wurde vereinbart, dass im Todesfalle die Anteile an Familie Michel zurückfallen sollten.

Nach Rückkehr meines Vaters aus der Gefangenschaft schloss er einen Versorgungsvertrag mit der Witwe seines Partners. Diese Vereinbarung hatte zwei Prämissen.
1) Die lebenslange Versorgung durch eine Rente.
2) Der Rückfall der Anteile auf meinen Vater sollte zu je 10% auf seine vier Kinder und zehn Prozent auf ihn gehen.

In dem Scheidungsvertrag mit meiner Mutter sowie in seinem neuen Testament wurde festgeschrieben, dass nach seinem Ableben 51 Prozent der Anteile auf den Sohn fallen würden.
Das war die Ausgangslage, als ich 1959 meine Tätigkeit bei der Firma Rheinische Isolierwerke GmbH begann.

Mein Zuständigkeitsbereich war vor allem die Sparte Schifffahrt. Wärmetechnische Berechnungen, Kalkulation von Isolierungsarbeiten, Aufmasse und Abrechnungen wie auch Sonderaufgaben aller Art, z.B. die Bausparte.

In der Firma gab es eine Abteilung Technischer Bedarf. Hier wurde gehandelt mit Asbest, Gummi, Isoliermaterialien und dergleichen.

In einem Artikel einer ostdeutschen Zeitung fand ich technische Angaben über Puffer aus Gummi, welche als Kranendanschläge ihren Einsatz fanden, um hier die althergebrachten Holzklötze zu ersetzen.

Vor meinen Augen sah ich sofort die vielen Krananlagen, alleine bei den sechs Stahlwerken in Duisburg. Diese Gummipuffer, zur Normreihe aufgebaut, könnten ein Verkaufsartikel werden, der sich über die Sparte „Technischer Bedarf" gut verkaufen lassen müsste.

Gesagt, getan! Prospekte wurden erstellt, wobei die technische Seite im Vordergrund stand.

Bei meinen Akquisitionen in den Kranabteilungen der Hüttenwerke stieß ich auf Interesse. Durch die vielen Gespräche kamen schnell andere „Normteile" wie z.B. Kupplungspuffer aus Vulkolan, Elastische Kranschienenunterlagen, Bremsbeläge... dazu. Die ersten Aufträge in Laufrädern folgten, langsam wuchs mein Programm, der Umsatz und die Geschäftsreisen.

Mein Vater schaute zunächst skeptisch, freute sich aber über den Erfolg und gab Hilfestellung. Im Kopf hatte ich, durch die vielen Gespräche mit Kraningenieuren über die unterschiedlichsten Befestigungselemente bei Kranschienen, etwas Neues, Genormtes zu entwickeln.

Aber erst musste Ordnung und ein „Gesicht" her.

Mit der Genehmigung meines Vaters wurde die Sparte Abteilung Krannormteile gegründet. Ein mir zugeteilter junger Angestellter war der zweite Mann.

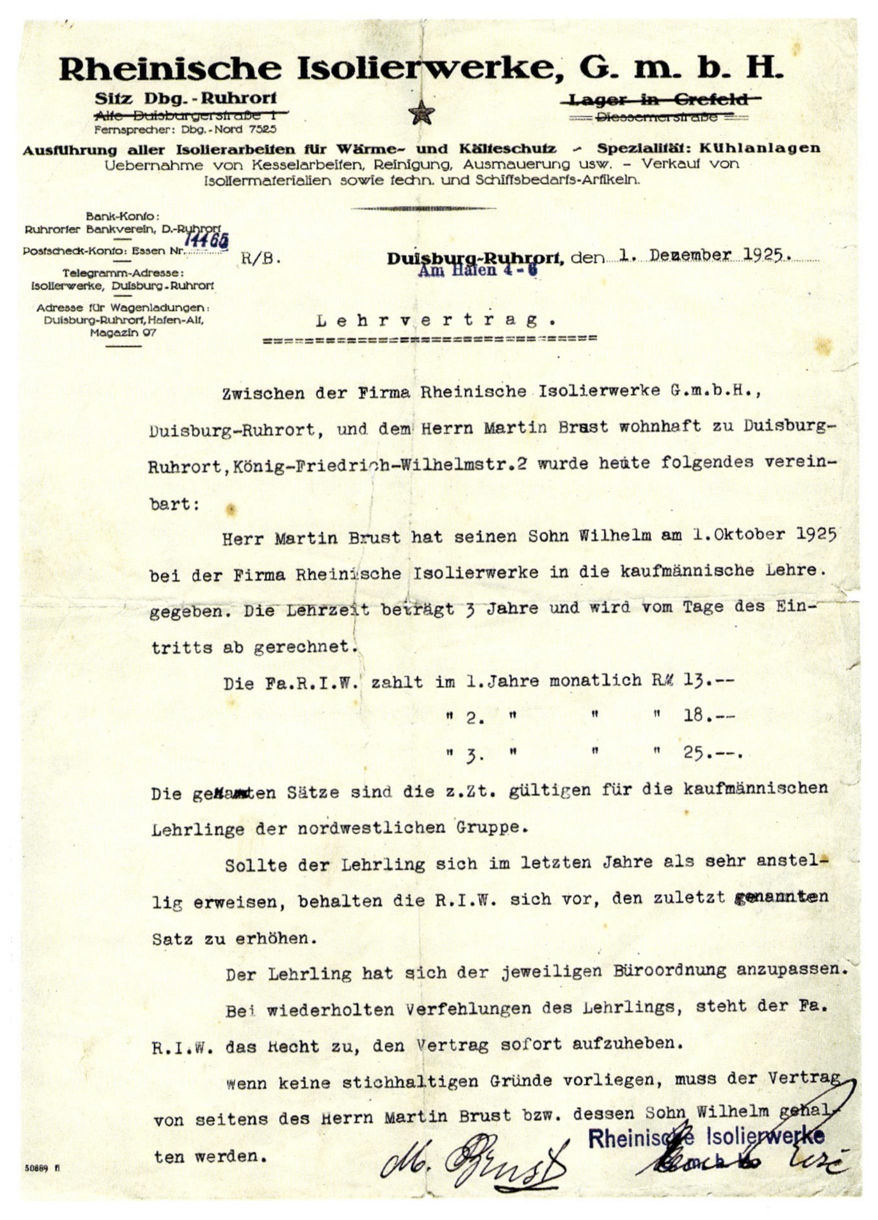

Rheinische Isolierwerke, G. m. b. H.

Sitz Dbg.-Ruhrort
~~Alte Duisburgerstraße 1~~
Fernsprecher: Dbg.-Nord 7525

~~**Lager in Crefeld**~~
~~Diessemerstraße~~

Ausführung aller Isolierarbeiten für Wärme- und Kälteschutz - Spezialität: Kühlanlagen
Uebernahme von Kesselarbeiten, Reinigung, Ausmauerung usw. - Verkauf von Isoliermaterialien sowie techn. und Schiffsbedarfs-Artikeln.

Bank-Konto:
Ruhrorter Bankverein, D.-Ruhrort

Postscheck-Konto: Essen Nr. 14465

Telegramm-Adresse:
Isolierwerke, Duisburg-Ruhrort

Adresse für Wagenladungen:
Duisburg-Ruhrort, Hafen-Alt,
Magazin 97

R/B.

Duisburg-Ruhrort, den 1. Dezember 1925.
Am Hafen 4-6

L e h r v e r t r a g .

Zwischen der Firma Rheinische Isolierwerke G.m.b.H., Duisburg-Ruhrort, und dem Herrn Martin Brust wohnhaft zu Duisburg-Ruhrort, König-Friedrich-Wilhelmstr.2 wurde heute folgendes vereinbart:

Herr Martin Brust hat seinen Sohn Wilhelm am 1.Oktober 1925 bei der Firma Rheinische Isolierwerke in die kaufmännische Lehre gegeben. Die Lehrzeit beträgt 3 Jahre und wird vom Tage des Eintritts ab gerechnet.

Die Fa.R.I.W. zahlt im 1.Jahre monatlich RM 13.--
" 2. " " " 18.--
" 3. " " " 25.--.

Die genannten Sätze sind die z.Zt. gültigen für die kaufmännischen Lehrlinge der nordwestlichen Gruppe.

Sollte der Lehrling sich im letzten Jahre als sehr anstellig erweisen, behalten die R.I.W. sich vor, den zuletzt genannten Satz zu erhöhen.

Der Lehrling hat sich der jeweiligen Büroordnung anzupassen.

Bei wiederholten Verfehlungen des Lehrlings, steht der Fa. R.I.W. das Recht zu, den Vertrag sofort aufzuheben.

Wenn keine stichhaltigen Gründe vorliegen, muss der Vertrag von seitens des Herrn Martin Brust bzw. dessen Sohn Wilhelm gehalten werden.

M. Brust

Rheinische Isolierwerke

50889 II

Der erste Lehrling

Kapitel 7

Die Unruhe trieb mich in die Welt

Ständig war ich jetzt unterwegs, teilweise mehrere Tage. Kontakte mussten gepflegt, neue aufgebaut werden. Verträge mit Lieferanten und Fabrikationsbetrieben ausgearbeitet und geschlossen werden.

Hierbei wurde nur natürlich meine Passion, die Jagd, mit eingebunden. Oft hatte ich meine Büchse mit. Ob im Schwarzwald, in Bayern, in der Pfalz oder in Tirol, so mancher Gams- oder Rehbock blieb auf der Strecke.

Meine große Liebe und Sehnsucht gebührte jedoch dem Schwarzen Kontinent. Wie viele Bücher über Jagdsafaris hatte ich verschlungen, wie viele Jagdangebote studiert!

Ein Sparbuch war lange eingerichtet, und Monat für Monat wurde aus kleinen Beiträgen langsam eine Summe.

Dann war es soweit! Auf einer 60.000 Hektar großen Farm in Süd-West-Afrika wollte ich vier Wochen frei jagen. Mein Vater hatte Sorgen, aber ich ließ mir meinen Traum nicht ausreden, zu lange hatte ich daran gearbeitet.

Gestatten Sie mir daher einige Passagen aus meinem Buch „Weltweit..... die Passion mich trieb“ zu repetieren.

Süd-West-Afrika/ Namibia 1967

.... Am anderen Morgen war ich der einzige Fluggast in einer einmotorigen Cessna, welche um 8.00 Uhr in Richtung Outjo startete. Aus den geringen Höhen, in welcher die Maschine flog, war das darunter liegende Land sehr gut, auch in plastischen Details, zu erkennen. Sehr einladend war der Anblick nicht. Eher trostlos, graugelber Boden, selten das Band einer Straße und noch seltener Vegetation oder die grünen Flecken einer Farm mit Garten. Man sah, hier lebten wenig Menschen.

Der Flug verlief entlang einer großen Strecke einer geteerten Straße, durch die Ortschaften Okahandja und Otjiwarongo, in nördlicher Richtung. Auf einem längeren Stück konnte ich auch die Schienen einer Bahn erkennen. Allerdings wirkte nach einer gewissen Zeit, die Landschaft karger an Vegetation, als sie es tatsächlich war, weil man das verdorrte Gras nicht vom gleichfarbigem Boden zu unterscheiden vermochte. Die Sonne stand hoch, die vereinzelten

Akazienbäume und Dornbüsche fast blattlos, warfen daher keine Schatten. Die ausgetrockneten Flussläufe, an ihrem roten Sand erkennbar, machten eine Einladung nicht freundlicher.

Schließlich näherten wir uns unserem Ziel. Ein in diese Landschaft von Bulldozern geschobenes Kreuz stellte den Flugplatz Outjo dar. Eine kleine Wellblechbude, mit einigen Benzinkanistern davor, war das einzige Gebäude.

Nach einer relativ weichen Landung rollte das Flugzeug nach einer Kehrtwendung auf das „Flughafengebäude" zu. An einem hier parkenden Jeep stand lässig ein Mann von etwa 60 Jahren, auf seinem Kopf hatte er einen echten deutschen Tropenhelm. Es war Hasso Becker, mein Gastgeber und Jagdherr für die nächsten Wochen. Er kam direkt auf mich zu, um mich herzlich zu begrüßen.

Auf der nun folgenden Fahrt zu seinem „Reich" kamen wir uns schnell näher. Belastet mit gewissen Vorurteilen, brachte ich mit Absicht bald das Gespräch auf das Thema Rassentrennung, wie es von unseren Politikern und Medien, teils aus Unkenntnis, teils gewollt, oft recht einseitig dargestellt wird und sich nicht mit meiner Auffassung deckte. Ich hoffte, hier aus berufenen Munde eines Kenners der Verhältnisse Tatsachen zu erfahren, um mir selbst ein Urteil bilden zu können. Folgendes kann ich wiedergeben:

Das Land ist gewiss die Heimat der hier wohnenden schwarzen Völker, der Ovambos, Hereros und Hottentotten, obwohl sie nicht die Ureinwohner sind; diese haben sie, als sie vor 300 Jahren einwanderten, vertrieben bzw. vernichtet. Aber auch die Weißen, die Farmer und Städter, welche oft schon in der vierten Generation hier leben, dürfen sie als Heimat betrachten. Zumal sie und ihre Vorfahren es erschlossen und auf die heutige Zivilisationsstufe gebracht haben, an der natürlich jetzt auch alle Schwarzen teilhaben.

Die Schwarzen sind hier freie Menschen, können gehen, wohin sie wollen, können arbeiten, wo sie wollen, können selbständig Geschäfte eröffnen, können studieren und in fremde Länder reisen.

Alles das können Menschen aus vielen anderen Ländern, die in der UNO gegen die Menschenrechte Süd-West-Afrikas wettern, nicht! Es wäre gut, wenn man diese Fakten auch bei uns besser zur Kenntnis nehmen würde.

Die Autofahrt ging etwa 150 km über mit Bulldozern geschobene „Wellblech"-Straßen, wobei wir laufend Farmland durchquerten. Als wir die Grenze von Hasso Beckers Farm Chairos erreichten, waren uns auf der gesamten Strecke zwei Fahrzeuge entgegengekommen.

Auf einer Hochebene, durchzogen von Hügeln und Bergketten, bis ca. 1500 Metern ü.d.M. liegt die Farm Chairos. Zusammen mit den Camps in Klein Omaruru umfasst sie 60 000 Hektar, die mir nun für vier Wochen zur Verfügung standen.

Weil die deutsche Sprache hier auch von vielen Schwarzen teilweise verstanden und gesprochen wird, fühlte ich mich – 12 000 km von der Heimat entfernt – bald wie zuhause. Mitten in der Wildnis brauchte ich doch nicht auf die Errungenschaften der Zivilisation, wie fließendes warmes und kaltes Wasser, elektrisches Licht, Brause und Wannenbad, zu verzichten. Die vorzügliche Küche von Frau Becker, vornehmlich Wild in allen Variationen, selbstgebackenes Brot, Geflügel in verschiedenen Arten, tat ihr übriges dazu.

Die Abende im Kreis der Familie, bei südafrikanischem oder rhodesischem Wein und einer netten Unterhaltung am offenen Kamin, machten mir die ersten Tage der Akklimatisierung zum Vergnügen.

Nach der ersten Nacht unter dem Kreuz des Südens folgten am nächsten Tag die Pirschfahrten mit dem Landrover. Trockene Luft und azurblauer Himmel vermittelten ein angenehmes Wohlbefinden. Die Temperaturen von 30° im Schatten empfand ich als nicht zu heiß. Der Juli ist in Südwestafrika Winter, man merkte es nachts und am frühen Morgen, wenn das Thermometer bis auf null Grad fällt.

Die Buschsavannen Südwestafrikas bergen nicht die großen Wildherden wie das Grasland Ostafrikas. Dem Vorkommen nach kann man eher einen Vergleich mit unserem Schalenwild im Winter ziehen, wenn es Rudel und Sprünge bildet. Am späten Nachmittag des ersten Tages hatte ich fast schon alle vorkommenden Arten gesehen. Oryxantilopen, einmal ein Rudel des Großen Kudu. Obwohl sich kein stärkerer Trophäenträger dabei befand, war ich tief beeindruckt von der edlen Erscheinung dieser schönen Tiere; weiterhin sah ich Steinböckchen, Klippspringer und vom Federwild einen Strauß, Trappen, Frankoline, Perl- und Sandhühner, und einen Schakal.

Am nächsten Tag begann die Jagd in aller Frühe. Lewi, mein schwarzer Führer, fuhr uns in einem nicht gerade Vertrauen erweckenden Jeep. Zunächst noch über Farmwege, später durch trockene Riviere – so werden hier die Flussbetten genannt – , aber auch quer durch den Busch. Auf den spärlich vorkommenden Bäumen der Buschsteppe zeigten sich so mancherlei Vögel, z.B. Kakadus, Pfefferfresser und Scharen verschieden gefärbter Webervögel. Am wolkenlosen Himmel kreisten Raubvögel wie Blaufalke und Kaffernadler.

Später ließen wir dann den Jeep stehen und pirschten vorsichtig zu einem Taleinschnitt, um eine Steinwand schräg oberhalb eines Wasserloches zu erreichen. Hier war ein flacher Platz für einen Ansitz hergerichtet. Er war sicher schon von Jägern benutzt worden und wirkte aussichtsreich.

Nach endlosem Warten in glühender Sonne, ich hatte inzwischen mit einer Eidechse Freundschaft geschlossen, konnten wir im Seitenhang ein kleines Rudel Kudus ausmachen, welches überaus vorsichtig zum Wasser zog. Leider befand sich nur ein junger Bulle dabei, mit nur einer oder eineinhalb schraubenförmigen Windungen im Gehörn. Weibliche Tiere sind ungehörnt, wie bei vielen, jedoch nicht allen Antilopengattungen. Die Lauscher sind gut zwei Handteller groß und lassen die „Gesichter" schmal erscheinen. Von Licht zu Licht läuft ein daumenbreiter weißer Streifen, und über die graue bis braune Decke fließen auf jeder Seite, wie mit dem Pinsel gezogen, sechs bis acht lotrechte schmale weiße Linien. Die Antilopen bewegten sich sehr vorsichtig in dem ruppigen Gelände. Obwohl genug Platz am Wasser vorhanden war, schöpfte nur ein Teil der Tiere, während die anderen sicherten. Ich leuchtete jede Nische, jeden Strauch des gegenüberliegenden Hanges ab, konnte aber keine weiteren Tiere oder einen alten Bullen ausmachen. Langsam zogen dann die Kudutiere und Kälber wieder bergan. Das war auch für Lewi Anlass, mit mir den Rückweg anzutreten.

Als wir wieder auf der Farm angekommen waren und Lewi kurz berichtet hatte, waren Hasso Beckers erste Worte: „Morgen an die gleiche Stelle!" Ganz begeistert war ich wohl nicht, vertraute aber seinen größeren Erfahrungen.

Geradezu unheimlich war die nächtliche Stille auf der Farm, welche nicht vom geringsten Geräusch gestört wurde. Die ersten zwei Wochen genoss ich sie sehr, dann fiel sie mir nicht mehr auf. – Mein einfaches, aber sauberes Zimmer lag in einem Gästetrakt etwas abseits vom Haupthaus.

Das gesamte Farmgelände war für die Rinder in einzelne Camps eingezäunt. Für das Wild bildeten diese Umzäunungen kein Hindernis, denn gerade Kudus sind hervorragende

Springer. Auf den Farmwegen waren jeweils einfache Tore, welche nach dem Passieren, stets wieder geschlossen werden mussten. Für Levi bot der jeweilige Aufenthalt, besonders in den frühen Morgenstunden, Gelegenheit, um schnell ein kleines Feuer mit dem langfaserigen Steppengras zu machen, um die kalten Hände zu wärmen.

Am nächsten Morgen ließen wir das Fahrzeug schon früher zurück und pirschten zu Fuß weiter. In den Fahrspuren von gestern konnten wir auf längerer Strecke die sauber gezeichneten Trittsiegel eines starken Leoparden feststellen. Mein Herz begann sofort schneller zu schlagen, denn ich hatte von Hasso Becker auch eine Abschussgenehmigung für diese Raubkatze. Allerdings hatte ich auch erfahren, dass ihre Bejagung sehr schwierig ist und oft nur ein glücklicher Zufall zum Erfolg führt. Deshalb waren meine Sinne zunächst nur auf Kudu ausgerichtet.

Der Busch war trocken und der Boden steinig, doch die Deckung gut, weil immer wieder größere Felsbrocken umherlagen und der stachelige Bewuchs, hauptsächlich aus Hackisbüschen bestehend, zunahm. Dass es hier Kudus gab, zeigten Fährten und Losung überall. Die Losung ist ähnlich wie bei unserem Rotwild, mit Zäpfchen und Näpfchen. Der trockene Boden, den in den letzten Monaten kein Regen ausgewaschen hatte, wies viele Wechsel auf. Das Gelände war, durch den Bewuchs, den deckenden Felsen und die Vertiefungen im Hang, gut geeignet zum Pirschen. Der Wind stand heute etwas anders, daher nahm Levi nicht den Weg von gestern. Ich hatte das gleiche Gefühl wie zu Hause, wenn man noch in dunkler Nacht zum Hochsitz pirscht und ihn erreicht, ohne dass ein Stück Wild schreckend abspringt. Als wir endlich den Sitz oberhalb des Wasserloches erreicht hatten, schien nach bestem Wissen kein Wild vergrämt.

Nach etlichen Stunden entdeckte Levi in größerer Entfernung im dichten Busch drei stärkere Kudubullen. Was Levi, der auf vielen hundert Meter im Gestrüpp ein Warzenschwein ausmachen konnte, mit bloßem Auge sah, konnte ich zunächst mit dem Glas noch nicht erkennen. Erst allmählich fielen mir schwach und undeutlich die Umrisse der Wildkörper in den Büschen auf. Die weißen Querstreifen bewirkten Auflösungserscheinungen. Es mussten starke Bullen sein, denn die Gehörne zeigten auf diese Entfernung deutlich ihre Windungen.

Langsam und überaus vorsichtig zogen sie näher. Nach zwei Stunden waren sie etwa in Schussentfernung, und ich machte mich liegend bereit. Es dauerte aber noch lange, und die mir zunächst günstige Lage wurde allmählich zu Qual. Endlich standen sie breit am gegenüberliegendem Hang. Entfernung etwa 150 Meter. Ich hatte mich hingesetzt und war, auf mein linkes Knie aufgelegt, in Anschlag gegangen. Durch das sechsfache Zielfernrohr schauend, schien mir der mittlere Kudu, auf Grund seiner Halsmähne, der stärkste zu sein.

Mein Jagdfieber war während des gut halbstündigen Anschlages fast vergangen. Der Zielstachel hatte das Blatt gefasst, fuhr mit, und als die Antilope kurz verhoffte, brach der Schuss. Kein Zeichnen! Der Kudu stand ungerührt. Die beiden anderen warfen auf und als das Echo des Schusses in den Hängen brach, im leichten Troll hangaufwärts zogen. Mein Kudubulle verharrte weiter auf der gleichen Stelle und wendete sein Haupt, als mein zweiter Schuss fiel. Wieder fast keine Reaktion. Auf meinen fragenden Blick bestätigte Levi, dass der Bulle gut getroffen sei, und da sah ich ihn auch schon wanken und kurz darauf zusammenbrechen.

Was für ein Gefühl! Das erste afrikanische Stück Wild. Freude und Wehmut zugleich, wie bei jedem Schuss. Levi strahlte. Wir warteten noch, bis die beiden anderen Stücke, die sich ohne Hast fortbewegten, außer Sichtweite waren und gingen zum gestreckten Wild.

Beide Schüsse saßen hoch Blatt, jeder war tödlich. Nach einigen verwackelten Filmaufnahmen von Levi, begann erst die richtige Arbeit. 300 kg Wildbret mussten den Hang hinunter und weiter ins Revier geschafft und auf den Jeep verladen werden. Den noch nicht aufgebrochenen Wildkörper den Hang hinunter ziehen, schleppen und stoßen, war eine Sache. Während dann Levi die rote Arbeit machte, baute ich mit Steinen und Felsbrocken eine schiefe Ebene an die Rückseite des inzwischen geholten Jeeps. Es war jedenfalls eine Mordsarbeit, bis wir endlich gegen 16.00 Uhr damit fertig waren. Vollkommen ausgepumpt setzte ich mich danach erst mal eine Weile an einen Baum, bevor die Rückfahrt zur Farm angetreten wurde.

Großes Hallo bei Hasso und Wiltrud Becker. Sie freuten sich von Herzen über mein Waidmannsheil. Insgeheim musste ich dem alten Südwester, ich nannte ihn wegen seines „fülligen" Haarwuchses des öfteren nach Karl May – Vater der elf Haare –, Recht geben. Wenn es nach mir gegangen wäre, hätte ich bestimmt heute einen anderen Teil des Reviers aufgesucht.

Der Kudu wurde sofort zerwirkt und unter den Schwarzen aufgeteilt, denn neben der finanziellen Entlohnung hat der Farmer auch für Salz, Mehl und Fleischrationen zu sorgen. Die Schwarzen verarbeiteten alles Fleisch sofort zu Biltong. In kleine Streifen geschnitten und an der Luft getrocknet, bleibt es lange haltbar.

Ich habe es probiert, na ja, unsere „Luftgetrockneten" schmecken mir besser.

Am Abend, nach dem offiziellen Dinner, wurden die Ereignisse des Tages am offenen Kamin noch einmal erzählt und durchgesprochen. Auch Hasso Becker hatte aus seinem Farmerleben viel Interessantes zu berichten, und so erfuhr ich im Laufe der vier Wochen eine Menge netter Geschichten. Das ziemlich gleichförmige Leben auf der Farm brachte eine wohltuend ruhige Atmosphäre, bei der ich mir bald die europäische Hektik abgewöhnt hatte. Radio und Fernsehen vermisste ich gar nicht mehr.

Wenn dann schon mal auf dem alten Tonbandgerät eine Weise erklang – „Die Moldau" von Smetana habe ich in Erinnerung –, die jüngste Tochter des Hauses, damals vier Jahre, sich an mich kuschelte, dann wanderten die Gedanken nach dem fernen Zuhause. Zur eigenen Familie, meine Tochter Petra war gerade zwei Jahre, und dem harten Jäger lief dann doch eine versteckte Träne über die Wange.

Ich wollte die Zeit in der Wildnis richtig ausnützen, denn wer weiß, ob es mir je wieder möglich sein würde. Mein Wunsch war es, in den ersten beiden Wochen intensiv zu jagen und danach etwas treiben lassen. Die ganze Vielfalt der Natur Südwestafrikas, ihre Wildheit und kraftvolle Ursprünglichkeit wollte ich einmal mit Ziel, aber auch wieder in Ruhe in mich aufnehmen.

Seit Tagen waren wir nun hinter Oryxantilopen her, denn ich wollte doch ein möglichst starkes Gehörn dieser Wildart erbeuten. Sie wird hier auch Gemsbock genannt, obwohl in Aussehen und Größe nicht die geringste Ähnlichkeit besteht.

Wie es auf der Jagd aber oft geht, waren unsere Bemühungen bisher vergeblich gewesen. Oft hatten wir Anhöhen erklommen und von hier die Umgebung abgeleuchtet, hatten auch jagdbare Stücke gesichtet und dann versucht, sie anzupirschen. Der Erfolg blieb mir aber versagt.

Heute waren wir zu Fuß von der Farm auf dem Wege. Erst einem ausgetrockneten Rivier folgend, dann gegen schwachen Wind durch die abwechslungsreiche Dornbuschsteppe. Größtenteils war das Gelände flach, die unzähligen Dornbüsche gaben Deckung. Der Boden war weich und bestand aus einer Mischung von rotem Sand und brauner Erde. Harte, scharfkantige Steine ragten da und dort daraus hervor.

Levi ging etwa 20 Schritt voraus. Anscheinend folgte er aber nicht der Fährte eines bestimmten Wildes, sondern lief durch den Busch, als ob er ein bestimmtes Ziel hätte. Ich folgte mit schussbereiter Büchse.

Plötzlich hatte ich das wohl jedem bekannte Gefühl – du wirst beobachtet. Der dem Menschen eigene Instinkt für situationsbedingtes Handeln ließ mich, gleichzeitig mit dem Wenden des Kopfes, mit der jetzt entsicherten Waffe in Anschlag gehen. Keine 50 Meter entfernt stand ein sehr starker Oryx, halb spitz zu mir sichernd. Keine Sekunde zögerte ich mit dem Schuss auf den Träger, den der Bulle mit blitzartigem Zusammenbrechen quittierte.

Erst durch den Schuss erfasste Levi die Situation und kam herbeigelaufen. Für mich selber kam erst jetzt das Jagdfieber, so schnell war alles gegangen. Wir gingen zur verendeten Antilope, und sofort bestätigte Levi mir gestenreich die Stärke der Trophäe. Nachdem die erste Freude durch gegenseitiges Schulterklopfen und ähnliches abreagiert war, schickte ich Levi zu der etwa 3 – 4 km entfernten Farm, um den Jeep zu holen, der Wildbret und Trophäe bergen sollte.

Während der nun von mir gehaltenen Totenwacht, hatte ich ein sehr eindrucksvolles Erlebnis. Seit dem Schuss waren inzwischen mehr als 30 Minuten vergangen. Ich saß mit gekreuzten Beinen vor dem Haupt der Oryxantilope und betrachtete, wie immer mit gemischten Gefühlen, meine Beute. Plötzlich rannen aus den bereits lange gebrochenen Lichtern beidseitig einige starke Tränen in die nicht sehr ausgeprägten Tränengruben. Zuerst traute ich meinen Augen nicht, aber dann wurde mir mein Herz sehr schwer. Unwillkürlich schaute ich mich um, suchte nach jemandem, mit dem ich jetzt sprechen konnte. Allein saß ich unter Gottes Himmel in einer weiten, unberührten Natur und hatte das Gefühl, als wenn mir jemand mit dem Finger drohte. – Warum einem Jäger in solchen Momenten gewisse Schuldgefühle kommen, wäre sicherlich psychologisch zu erklären, mir fehlen hier jedoch die passenden Worte. –

Schon längere Zeit bevor er sichtbar wurde, hörte ich den Jeep, welcher sich seinen Weg durch die Dornbuschsteppe suchte. Hasso Becker war mitgekommen, und echte Freude konnte ich auch seinen Zügen entnehmen. Für meine Filmkamera rekonstruierten wir noch einmal den Ablauf, und hierfür gebührt an dieser Stelle dem „Vater der elf Haare“ ein Kompliment für gute Kameraführung.

Auf dem Weg zur Farm sprang auf kurze Entfernung ein zierlich anzuschauendes Steenböckchen vor dem Jeep auf, ein nicht jagdbares Wild. Die Schutzbestimmungen für bedrohte Tiere werden streng beachtet, Abschusspläne auf freiwilliger Basis aufgestellt und eingehalten. Wer Jagdgäste führen will, wie zum Beispiel ein Farmer, muss eine besondere Prüfung ablegen.

Der Abend vor dem flackernden Kamin rundete den Tag wieder zünftig ab. Ich war zufrieden und genoss den Aufenthalt. In einigen Tagen war Vollmond und damit Gelegenheit zum Nachtansitz auf Raubkatze und Bergzebra.-

Die erste Nacht bei dem vollen Rund des Mondes unter dem Kreuz des Südens verlief ohne dramatische Ereignisse. Bevor Levi mich zu einem Hochsitz brachte, welcher durchaus deutschen Ansprüchen entsprach, hatten wir einen Außenposten von Hasso Becker besucht. Ich nehme an, dass die beiden Hirten von meiner nächtlichen Anwesenheit unterrichtet wurden. Sie standen vor ihrem Pontok, einer unter Verwendung von Wellblechen gebauten Behausung, und schürten ihr Lagerfeuer. Da eine sprachliche Verständigung nicht möglich war, machte ich mir so meine Gedanken, nachdem ich die verschlagenen Gesichter der beiden Viehhüter studiert hatte. In dem Halbdunkel des sich neigenden Tages konnte ich die sehnigen Körper, deren Umrisse durch den Lichtschein ihres Feuers durch die hüllenden, roten Baumwolldecken sich deutlich abzeichneten, gut erkennen. –

Der Mond stand bereits am Himmel, als ich den Hochsitz unweit einer spärlichen Wasserstelle bestieg. Levi ließ bei mir eine Decke und Verpflegung zurück und machte sich auf zu den beiden Hirten, um wohl mit ihnen die Nacht zu verbringen.

Ungehindert fiel mein Blick auf die ca. 80 Meter entfernte Wasserstelle und den sie umgebenden schütteren Buschwald. Wie auf einer Bühne konnte ich während vieler Stunden das Verhalten der hier vertretenen afrikanischen Tierwelt studieren. Einzeln oder in Gruppen erschienen ohne Unterbrechung Kudus, Oryx, Steenböckchen, Schakale, Perlhühner etc. Dabei fiel mir sehr bald die ungewöhnlich große Vorsicht auf, mit der sich das Wild, oft erst nach viertelstündigem Sichern, dem Wasser näherte. Wahrscheinlich war das Verhalten darauf zurückzuführen, dass Leoparden öfter an diese Wasserstelle kamen. In dieser Nacht machten sie mir jedoch keinen Besuch, sicher hatten sie bereits Wind von mir bekommen.

Das erste Morgenrot ließ die Sterne verblassen. Alle Tiere hatten sich bereits zurückgezogen, und mir war die Decke zu wenig, es wurde mir kalt. Vor dem Rückweg machte ich mir daher ein Feuer.

Den Tag verbrachte ich hauptsächlich damit, den fehlenden Schlaf nachzuholen. Am Abend ordnete Hasso Becker Stellungswechsel an. Das Wasserloch bei dem Baumansitz, zu dem mich Levi diesmal mit dem alten Jeep brachte, war in Wirklichkeit kein Wasserloch, wie man es sich vorstellt, sondern ein trockenes, sandiges Flussbett. Diese Regenstrombetten oder auch Riviere genannt, gehören zu den interessantesten Wasserstellen Afrikas. Sie enthalten fast nie Oberflächenwasser, außer den wenigen Stunden nach den Regenfällen, aber Wasser ist an vielen Stellen ein paar Fuß unter dem Sand vorhanden. Besonders an den Biegungen des Flusses, und vor mir begann so ein langgestreckter Bogen, wo meist in der Tiefe fester Stein oder irgendeine dichte Erdschicht das Wasser lange Zeit hält. Die Tiere wittern das Wasser und graben mit ihren Schalen oder Hufen im Sand, bis Wasser durchsickert. Die Tiere haben hierfür einen Instinkt und wissen wo sie scharren müssen. Manchmal gibt es kilometerweit Strecken flußauf und flußab, wo kein Wasser vorhanden ist und die Tiere auch nicht versuchen, welches zu finden.

So bequem wie in der letzten Nacht hatte ich es hier nicht. In der Krone eines Baumes war ein Lattengerüst eingebaut, worauf ich versuchte, mit den mitgebrachten Decken mir es einigermaßen angenehm zu machen. Der Mond stand zunächst in leichtem Dunst, aber dann entschleierte er sich langsam, und auf einmal ergoss sich blendendes Licht über die Landschaft. Die unweit stehenden alten Bäume und Büsche warfen geheimnisvolle Schatten.

Mit den Silberstrahlen des Mondlichtes wanderten meine Gedanken. In die Heimat, zu dem bisher Erlebten und zu einem Gespräch mit Levi, welches mich durch seine schlichte Einfachheit nachdrücklich beeindruckt hatte.

Es war wenige Tage her, ich saß mit ihm an einem Wasserloch, und wir hofften auf Warzenschweine. Die hier stehenden Mahlbäume ließen von der Zeichnung starke Keiler vermuten. Levi sprach soviel Deutsch, dass eine einfache Unterhaltung möglich war. Während des Gespräches streifte ich das Thema Rassentrennung und wollte seine Gedanken dazu hören. Ohne Zwang, ohne Mitmenschen, die seine Meinung vielleicht nicht teilten, hatte ich erwartet, eine Version zu hören, welche unseren Pressekampagnen gleich käme. Stattdessen sagte er aber nur: „Wenn Gott keine getrennten Rassen hätte haben wollen, hätte er auch keine verschiedenfarbigen Menschen gemacht.“ –

Mit solchen Rückerinnerungen verrann die Zeit rasch. Lautlos hatten sich inzwischen Kudus unter meinen Baum gestellt. Drei Meter unter mir, zum Greifen nahe. Es war jetzt fast zwölf Uhr, und meine Hoffnung auf den Anblick eines Leoparden schmolz. Auf etwa 60 Metern standen schon seit geraumer Zeit dösend drei starke Oryxantilopen. Plötzlich sah ich in der äußersten Ecke der Flussbiegung Tiere anwechseln. Mein Glas zeigte mir nach scharfer Einstellung eine Herde von vielleicht acht Bergzebras, welche sofort mit dem Scharren im Sand begannen. Fast eine halbe Stunde beobachtete ich nun mit großem Herzklopfen die Tiere, hoffend, dass sie die Entfernung zu mir, etwa 200 Meter, verkürzen würden. Leider taten sie mir nicht diesen Gefallen.

Ich beobachtete sie nicht nur durch mein Fernglas, sondern versuchte auch, durch das Zielfernrohr Maß zu nehmen. Wild und Absehen waren so klar zu sehen, dass ich mich trotz der großen Entfernung zum Schuss entschloss. Sorgfältig kontrollierte ich meine Auflage, suchte unter den breit stehenden Tieren den Stärksten mit hohem Haupt und ging in Anschlag. Hoch Blatt stand der Zielstachel, fast am Widerrist. Im nächsten Augenblick zerriss der Schuss die nächtliche Ruhe einer afrikanischen Nacht. Trotz des gewaltigen Feuerstrahls sah ich alle Tiere hochflüchtig die nicht große Uferböschung überwinden.

Gleich repetierend, saß ich wie erstarrt und lauschte gespannt in die Dunkelheit. Von Lauschen konnte allerdings keine Rede sein, denn überall waren auf einmal Tiere und hasteten sehr geräuschvoll durcheinander, sogar über mir wurden einige Perlhühner hoch. Wie sie dahingekommen waren, ist für mich ein Rätsel. Trotz allem blieb mir nicht verborgen, dass die Zebraherde noch einmal das Flussbett kreuzte und dann nur noch sich entfernender Hufschlag ihre Existenz bekundete.

Sollte nach den bisher tadellosen Schüssen hier der erste Fehlschuss vorliegen? Nicht ganz so glücklich mit meiner Leistung, rollte ich mich für den Rest der Nacht in die Decke, konnte aber erst spät Schlaf finden.

Kaum war die Sonne aufgegangen, war ich schon am Anschuss. Fast 250 Schritte waren es, aber nun stand ich vor dem deutlichen Ausriss und ......fand bald den ersehnten Schweiß. Spärlich, doch deutlich bis zur Uferböschung zu verfolgen, wo mein Latein zu Ende war. Aber nein, sie sind doch noch einmal durchs Rivier zurück, und nach der Quersuche fand ich erneut einzelne Tropfen dunklen Schweißes.

Noch ganz in meiner Arbeit vertieft, hörte ich den Jeep von Levi, der mich abholen wollte. Als er an der Uferböschung ankam, winkte ich ihm energisch zu, nicht in das Flussbett hineinzufahren, um meine Arbeit, jeden Tropfen Schweiß hatte ich gesondert markiert, nicht zu zerstören. Er aber ignorierte meine Anweisung und fuhr direkt auf mich zu. Schon hatte ich die passenden Worte auf den Lippen, da sagte er: „Mister suchen Zebra? Zebra liegen da!“ Und dabei zeigte er in die Richtung, aus der er gekommen war. Sehr erleichtert nahm ich fast meine Beine in die Hand und stand nach kaum 100 Metern vor dem verendeten Zebra. Meine Freude war so groß, dass ich zunächst drei Salutschüsse in den afrikanischen Himmel schickte.

Mein Schuss saß genau Blatt, und kein Schakal hatte die Beute angeschnitten, was bei den vielen Stunden leicht möglich gewesen wäre. Nun war die Welt wieder für mich in Ordnung, und während Levi die gut gezeichnete Decke abschärfte, hatte ich genügend Zeit, darüber nachzudenken, wo sie einmal in meinem Hause hängen würde.

Das Bergzebra, Equus zebra, wird von den Eingeborenen Kwagga genannt. Bei einem Körpergewicht von ca. 270 kg und einer Schulterhöhe von ca. 1,30 Metern ist es ein geschickter Kletterer, der trockene, zerklüftete Gebiete bevorzugt. Die geselligen Tiere leben häufig nur in Gruppen von 6 bis 12 Exemplaren. Sie ähneln den Steppenzebras, und obwohl das Verbreitungsgebiet beider Arten sich überschneidet und sie miteinander weiden können, sollen sie sich niemals vermischen! Heute steht das Kap-Bergzebra unter strengstem Naturschutz, während das Hartmann-Bergzebra in einigen Teilen Südwestafrikas noch relativ häufiger vorkommt.

Es war der 20. Juli 1967, der Geburtstag meiner kleinen Tochter Petra. In Zukunft werde ich also an diesem Familienfesttag stets auch an die denkwürdige Vollmondnacht in Klein-Omaruru denken.

Auf der Farm wurden wir wieder freudig begrüßt, gab es doch für die Schwarzen wieder frisches Fleisch. Die Decke wurde sofort gespannt und gut gesalzen. Inzwischen waren auch die Hörner an den abgekochten Schädeln meiner Antilopen „reif", das heißt, das Gewebe zwischen Hornzapfen und Horn war faul und voller Maden. Man konnte zum erstenmal versuchen, die Hörner von den Stirnzapfen abzudrehen. Ganz wohl war mir dabei nicht, denn zwei Schwarze hielten den Schädel, während zwei andere versuchten, die Hörner durch kräftiges Drehen zu lösen. Ich sah schon den Schädel zerbrechen, da löste sich mit unangenehmen Geräuschen der Kopfschmuck der stolzen Antilope. Der Stirnzapfen wurde nun bis auf etwa 10 cm abgesägt. Nach vollständiger Reinigung und Trocknung wurden später die Hörner wieder darauf befestigt.

Obwohl man in diesem herrlichen Land eigentlich jede Stunde genießen sollte, übermannte mich jetzt der Schlaf und verlangte für einige Stunden sein Recht. Erholung war auch angesagt, denn eine weitere Vollmondnacht stand auf dem Programm.-

Die dritte Nacht bei herrlichem Mond sollte mir gleich zu Anfang, schon auf der Fahrt zum Ansitz, ein weiteres Waidmannsheil bescheren.

Bevor ich dieses Erlebnis schildere, muss ich gestehen, dass Jagdbeschreibungen über Warzenschweine und die oft abgebildeten Keilerwaffen es mir angetan hatten. In die Jagd hatte ich mich daher so verrannt, dass ich ohne eine Trophäe dieser Wildart nicht nach Hause fahren wollte. Bei meinen Tagespirschen mit Levi oder dem Pferd Max hoffte ich auf ein zufälliges Zusammentreffen mit dieser Wildart. Ein Grund, warum ein Schrotlauf meines Drillings immer mit Brenneke geladen war.

Leider gab es auf der Farm Chairos nur sehr wenige Warzenschweine, weil, wie „Vater der elf Haare" bedauernd sagte, seine Schwarzen sie, zwecks Aufbesserung der Fleischrationen, stets eifrig verfolgt hätten. Er erwirkte deshalb mir zuliebe bei seinem Nachbarn eine jagdliche Sondergenehmigung. Tagelang saß ich daher an Wasserlöchern im fremden Farmland an, hatte bisher aber noch nicht mal einen Pürzel gesehen. Einmal, Levi war bei mir und wir hatten uns einen guten Schirm gebaut, standen hinter uns plötzlich zwei finster dreinblickende Ovambos, jeder eine Flinte in der Armbeuge. Langes Palaver, warum wir hier sein durften, böse Blicke, bis sie endlich schimpfend weiterzogen. Ob wir ihren Platz weggenommen hatten? Na, jedenfalls geschossen haben wir auch nichts.

Meine Hoffnung, ein Warzenschwein zu schießen, war daher auf dem Nullpunkt. Doch dann kam die Wende. Auf der Fahrt zum dritten Nachtansitz, einem Baum an einer Wasserstelle, wo vor wenigen Wochen ein Gepard geschossen wurde, steuerte Hasso Becker den Landrover. Levi und ich saßen hinten zwischen Stangen und Werkzeug für einen Außenposten. Wir hatten gerade eine nicht sehr breite Schlucht passiert, die Hänge waren wesentlich flacher geworden, entdeckte Levi als erster drei Warzenschweine. Sie standen zwischen dürren Sträuchern spitz zu uns. Fast gleichzeitig mit dem Halt des Fahrzeuges und dem Abschalten des Motors, war ich sitzend in Anschlag gegangen. Auf ca. 70 Metern sah ich im Fadenkreuz das Haupt eines Schweins, während die anderen schon unruhig wurden. Als mein Schuss brach, sah ich, wie das Wild auf der Stelle zusammensackte. Es waren nur wenige Sekunden nach dem ersten Sichten von Levi vergangen.

Ungestüm sprang ich vom Fahrzeug und rannte bergan, um als erster an der Beute zu sein, meinem ersten Warzenschwein. Meine Lederhose zeigt heute noch Narben der scharfen Stacheln der Dornbüsche. Es war eine Überläuferbache, aber meine Freude wurde dadurch nicht getrübt, zumal sie schon ganz ansehnliche Waffen trug. Die Waffen der Warzenschweine sind ja, gemessen an der Körpergröße, viel stärker als bei unseren heimischen Sauen.

Große Freude zeigte natürlich auch Hasso Becker. Angesichts meines Schusses genau zwischen die Lichter, gab er mir ebenfalls einen Namen nach einer Figur Karl Mays, „Bloody Fox". –

Nachdem wir den Ansitzplatz erreicht hatten, entfernten sich meine Begleiter, und ich blieb allein mit der stillen Hoffnung, auf eine der großen Raubkatzen Waidmannsheil zu haben. Langsam kam der Abend, der nach dem Untergang der Sonne sehr schnell der Nacht wich.

Eine starke Spannung, wahrscheinlich als Folge meines erlegten Warzenschweins, lag für mich auf dieser neuen Vollmondnacht unter dem Kreuz des Südens. Nach geraumer Zeit kam der volle Mond herauf und kletterte hinter mir von Ast zu Ast, um seinen für diese Jahreszeit höchsten Punkt zu erreichen. Wie der Zeiger einer Uhr warf der Stamm eines Baumes vor mir, entsprechend der Laufbahn des Mondes, seine Schatten. Hier standen, anders als in den vorhergegangenen Nächten, überall Büsche und Bäume. In Verbindung mit ihnen und den wechselnden Schatten des Mondes, nahmen sie immer wieder andere Formen an, in denen die wache Phantasie irgendwelche Lebewesen zu erkennen glaubte. Häufig geriet mein Blut in Wallung, bis ein Blick durch mein gutes Nachtglas mich belehrte, dass mir das Mondlicht etwas vorgegaukelt hatte. Der Zauber einer dunklen Nacht erfasste schließlich aber den Jäger, der ja selber auch nur ein Stück Natur ist.

Lange saß ich so in dieser übergroßen Stille. Längst hatte sich der von Kratern übersäte Mond aus den Baumkronen gelöst und schwamm hoch über mir im tiefen Blau. Die Welt um mich her schien versunken. Einzelne Sternfeuer sprühten ihren Schein flackernd zu mir herunter. Vielleicht waren dort oben auf einem der fernen Gestirne Lebewesen wie wir. Sahen herunter zum Feuer der Erde und dachten wie wir über das Wunder des Universums nach.

Meine Gedanken vertieften sich in der Feststellung, wie schön das Leben doch ist, wenn man einsam in der Natur so dasitzen kann, ganz allein mit sich, die Werke Gottes bewundern darf, ohne dass einer stört oder zusieht. ....

Eine Gruppe Kudus, Kenia

Flamingos im Abendrot, Kenia

Namibia

Rhodesien

Eine starke Oryxantilope, Namibia

Schakal

Großer Kudu, Namibia

Elefant, Kenia

Strecke von 14 Tagen, Kenia

Starker Buschbock, Rhodesien

Kapitel 8

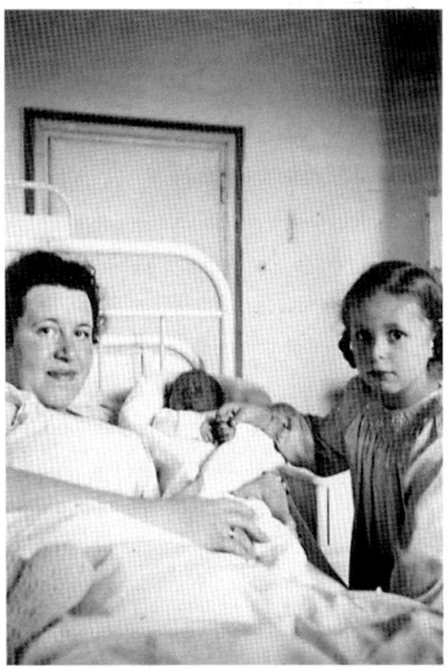

Das Herz einer Mutter

Sicher war ein wesentlicher Bestandteil in dem Verhältnis zu meinem Vater, dass es nicht zu einer durchdringenden Kameradschaft kam, mein Verhalten in Dingen meiner Mutter.

Schon in jungen Jahren, als sich die Lage nach dem Kriege langsam beruhigte, war ich Mutters Stütze. Ihr spärlicher Unterhalt erforderte, dass für Brennstoff, kleinere Anschaffungen etc. ich ihre Wünsche weitergeben musste. Mutter war vollständig allein auf sich gestellt. Sie hatte auch niemals mehr eine neue Verbindung gehabt oder gesucht.

Das Schlimmste waren für sie die Weihnachtstage. Am Heiligen Abend war es nur natürlich, dass ich mit Schwester Godi an der Hand im Dunkel der Nacht den Weg zur Bescherung beim Vater machte. Wenn wir später zurück kamen, sahen wir die verweinten Augen unserer Mutter. –

Sie stand aber auch zu mir, wenn es z.B. in der Schule mit den Lehrern etwas auszubügeln galt. Aber auch größere Ereignisse wie Konfirmation, Hochzeit Gisela oder andere Veranstaltungen behielt sich Vater vor, Mutter saß dann allein zu Hause.

Erst allmählich, man wurde älter und ich machte den Führerschein, konnte ich Mutter zum Bruder Hans fahren oder mit ihrer Freundin öfter zum Theater. Später kamen dann sonntägliche Ausflüge mit meiner ganzen Familie.

Ihre Sorge war natürlich mein Verhältnis zum Vater. Sie riet zur Zurückhaltung, verwies auf später..... aber die ganze Entwicklung hatte mich früh zum Mann, zum eigenen Kopf, gemacht.

Das geschäftliche „Aufwärts“ wurde mit den Jahren immer besser. Die Sparte Isolierungen, vornehmlich Dauerbaustellen bei Thyssen, Mannesmann, Kupferhütte u.a. oder den Chemischen Werken wie Bayer, Texaco etc., gaben die Grundauslastung für etwa 100 Mitarbeiter. Aber auch als Fachberater und Pauschalanbieter für komplette Isolierungsarbeiten bei den großen Kraftwerksbauern wie Babcock AG, Lentjes AG u. a. waren im Wirken unserer Konjunktur das Zugpferd.

Ich hatte einen Jugendfreund, Walter Böttcher, den Sohn eines gefallenen Freundes meines Vaters, in unsere Firma geholt. Er bildete sich zum Spezialisten dieses Isolierungsbereiches aus und führte ihn bis zum Ende.

Obwohl meine Sparte zunehmend Erfolge aufwies, pflegte mein Vater fast nach jeder größeren Auseinandersetzung, durch Herrn Böttcher über meine Abteilung eine Bilanz und Aufrechnung machen zu lassen, um eventuell meine Existenz in Frage zu stellen.

Auch war es sehr schwierig, meine technischen Visionen ihm, dem reinen Kaufmann, zu vermitteln.

Sicher hat seine starke Persönlichkeit nicht verwinden können, dass ich mein Leben stärker an der Seite meiner Mutter gesehen habe. Auch in der Zeit meiner ersten Ehe und seiner drei Enkelkindern hat er mich bei Wutanfällen zweimal entlassen!!

Seine Auswüchse endeten manchmal mit der Drohung: „Vor dieser Frau wirst du noch einmal auf den Knien liegen.“ Damit meinte er Tante Helga, welche ich achtete und respektierte, jedoch ohne jemals zu vergessen oder gefühlsmäßig auszudrücken, dass sie doch eigentlich die Ehe und die Familie auseinander gebracht hatte.

Meine Mutter, eine intelligente und herzenswarme Frau, hat oft in meinen Armen geweint und sicher auch von einem besseren Leben geträumt. Unter Mitwirkung der Erinnerung hielt ich an diesen Eindrücken und Überzeugungen aus dieser Zeit fest, und es war klar, dass daher eine enge Bindung zur anderen Seite nicht entstehen konnte.

Erst im Laufe der Jahre wechselten die Abschnitte der angenehmen und der schlimmen Zeiten des Zusammenlebens mit meinem Vater.

So kam ich z. B. in den Genuss einer Jagdreise nach Jugoslawien, zur Hirschbrunft. Er hatte mit zwei Freunden, mit welchen ich auch einige gemeinsame Jagdtage erlebt hatte und wir vom Alter her nicht soweit auseinander waren, diese Reise gebucht. Es war eine Zeit, in der die politischen Verhältnisse sich fast täglich änderten, Vater wurde unruhig, trat zurück und schenkte mir diese Jagdreise.

Es war eine große Geste, über die ich mich sehr freute, doch fast wieder entstand ein Streit, weil ausgerechnet mein Hirsch der „Stärkste“ war. –

Jugoslawien

Man schrieb das Jahr 1968.

...............Schon bald verblassen über den dunklen Wälder die Sterne. Ganz leise streicht der frühe Wind durch Geäst und frischem Laub. Lange liege ich bereits wach auf meiner Pritsche. Durchs offene Fenster höre ich plötzlich aus dem Inneren des Waldes einen dröhnenden harten Schrei und bin im Nu hellwach.

Jetzt tiefes Orgeln, mächtig und drohend öah – öh – öh – ua. Ich kenne keine vergleichbare Tonkunst mit solchen Lauten. Es geht unter die Haut und ist in ähnlicher Form nur beim Brüllen des Löwen spürbar. Aber hier bei dem Schrei der Liebe sind es Urgewalten, welche die Nacht mit Hall und Echo erfüllen.

Stiller als sonst wird es meiner Ansicht, sogar der kleine, unweit liegende Fluss dämpft sein Lied. Es ist fast so, als halte die Natur den Atem an vor dem gewaltigen Geschehen in der Wildnis. Langsam glimmt der Tag und ich bin so voller Erwartung, dass die Spannung mich fast zerreißt.

Nach kräftigem Frühstück bestieg jeder von uns drei Freunden sein Gefährt, zusammen mit seinem Kutscher und Jäger. Mir war Milan zugeteilt, ein prächtiger Naturbursche, der mir später in einer brenzligen Situation eine große Hilfe war.

Zwei Pferde zogen meinen Wagen, während der Morgen inzwischen seine ganze Vielfalt zeigte. Das Wetter schien aber umzuschlagen, es war warm und feucht, also nicht gerade günstig für die Brunft.

Alles in allem kein Vergnügen, bei strömendem Regen unter einer Zeltplane sitzend, vor sich Milan und der Kutscher in ständigem Gemurmel ihrer slawischen Sprache, unter sich ausgemergelte Fahrspuren in tiefem Schlamm. Bei dunkler Nacht fanden die Pferde auch zwischen den Bäumen ihren Weg, ohne dass der Wagen irgendwo aneckte.

Am zweiten Tag das gleiche Wetter, deprimierend. Mit hängenden Lauschern kamen wir schließlich in der Hütte an. Tiefe Enttäuschung stand mir ins Gesicht geschrieben, und meine Freunde, beide hatten ihren Hirsch geschossen, versuchten mich zu trösten.

In der Nacht meldeten sie sich wieder, „öäh – öäh – oh – ua", und der Nebenbuhler antwortet mit seinem Kampfschrei. Ich wertete das als gutes Zeichen für den letzten Tag.

Zusätzlich fuhr noch der Jäger von Freund Heinz mit, und immer wieder sagte Milan: „Du Garantirano Jelena Dobiti". Tröstende Worte, die mir aber trotzdem einen kleinen Aufschwung gaben.

Gegen Mittag, fast schon auf dem Rückweg, verweilten wir an einer Schneisenkreuzung, weil in dem rechten Schlag deutlich ein Hirsch meldete. „Wir warten hier, Jäger Stanislaw will versuchen, den Hirsch herauszudrücken", sagte Milan.

Mit gesicherter Waffe und entsprechender Anspannung harrte ich nun der Dinge. Plötzlich sind die Laute des Hirsches verstummt, die Spannung wächst. Ich hatte mit Milan verabredet, wenn der Hirsch schussbar ist, möge er mir leicht auf die Schulter drücken. Die rechte Seite der Schneise ließ ich nicht mehr aus den Augen. Nach einer weiteren Viertelstunde hörten wir brechende Geräusche in der dichten Erlendickung, und kurz darauf flüchteten zwei Alttiere über die Schneise, wobei das Letztere kurz verhoffte.

Ich war sofort in Anschlag, und Milan hatte schon Sorge, ich könnte schießen. Im nächsten Moment stand aber „mein" Hirsch in ca. 90 Metern auf der Schneise. Sofort hatte ich die Waffe an der Backe und wartete nur noch auf den leichten Druck von Milan.

Durch mein Zielfernrohr erkannte ich einen starken Hirsch mit mindestens zehn Enden und einer Krone. Die Enden leuchteten, trotz des diesigen Wetters, wie Kerzen.

Zwischen der leichten Berührung und den Worten von Milan: „Jelena Dobro" und dem Berühren des Abzuges waren nur Sekunden vergangen. Hochblatt war ich abgekommen, und der Hirsch hatte gut gezeichnet. Mit hoher Flucht, wie aus dem Lehrbuch, fiel er mit Wucht in die jenseitige Dickung.

Schuss gut, rief Milan und ist mit einem Satz vom Wagen. Er lief direkt zum Anschuss, was mir eigentlich gar nicht recht ist.

In Ruhe sterben lassen, ist unsere Art zu jagen, aber davon will man hier nichts wissen.

Vom Anschuss, die Abtritte sind deutlich sichtbar, gehen wir nun alle in breiter Front durch die wirklich dichten, aber nur fingerdicken Erlen, in Richtung Wagen. Nach wenigen Metern war ich durchnässt bis auf die Haut. Meine Ohren wurden immer größer, hoffte ich doch von irgendwo zu hören: „Hirsch liegt".

Nichts! Wir trafen uns alle auf der Schneise, in deren Verlängerung der Wagen immer noch auf der Kreuzung stand.

Stanislaw winkte mir zu und wollte mir noch einmal ein gefundenes Wundbett zeigen, von welchem er den Hirsch aufgemüdet hatte. Ich war tief erschrocken, weil mir einiges über angeschossene Brunfthirsche bekannt war. Nicht ganz so zuversichtlich gab ich Milan meine Waffe, um mit Stanislaw noch einmal in die Dickung zu gehen. Gewann ich doch dadurch etwas Zeit für den Hirsch, weil die direkte Verfolgung unterbrochen war.

Nach wenigen Metern zeigte mir Stanislaw das Wundbett. Kniend ging ich an eine genaue Untersuchung. Im selben Moment, als ich auf einem Erlenblatt etwas Lungenschweiß fand, fiel draußen ein Schuss. Aufgeregt stürmten wir durch den dichten Bestand, zurück auf die Schneise. Nasser und dreckiger konnte ich gar nicht mehr werden. Außer Atem waren wir bald bei den anderen und vermuteten jetzt meinen Hirsch zu sehen. Aber welche Überraschung, Milan hatte mit meiner Waffe mal eben einen flüchtigen Fuchs mit der Kugel erlegt!

Meine Nerven waren bis zum Zerreißen gespannt, mein Blutdruck sicher sehr hoch. – Mit Vernunft ging ich jetzt zunächst daran, vorhandene Spuren zu sicher und zu verbrechen. Deutlich fanden wir die Fluchtfährte mit den starken Abtritten. Der Hirsch war über die Schneise, schräg nach hinten, in einen dichten Bewuchs einer neuen Erlendickung gestürzt, mitten hinein in das Herz der Wildnis.

Nach einer weiteren halben Stunde erfolgte eine erneute Suche in breiter Front, wobei ich die Aufgabe hatte, an der Kreuzung beide Schneisen zu sichern. Plötzlich kam Milan aus dem Bestand schnell auf mich zugelaufen und rief: „Hirsch schläft, schnell Fangschuss". Wie hypnotisiert folgte ich ihm in die Dickung, die Waffe schussbereit in der Armbeuge.

Bevor ich aber den Hirsch zu Gesicht bekam, prasselte er plötzlich mit Gepolter und Krachen vor uns weg, sicherlich mit verzerrtem Glanz in seinen Lichtern.

Meiner Sinne kaum noch mächtig, wurde ich von Milan mitgerissen, um möglichst schnell den Fangschuss geben zu können. Als ich einen Moment zögerte, um den Hirsch endlich in Ruhe sterben zu lassen, erbittet er meine Waffe, um allein die Verfolgung aufzunehmen. Das wiederum widersprach meiner Ehre.-

Vorsichtig folgten wir daher gemeinsam der nun deutlichen Spur, denn der flüchtende Hirsch hatte eine Bresche in die noch junge Anpflanzung geschlagen, für mich alles Zeichen, dass er sehr krank war. Nicht mehr weit, in einem dichten Eichenhorst, nahe einem Wildbach, war er zusammengebrochen. Als er unser Kommen vernahm, wollte er mit aller Gewalt noch einmal hoch. Schnell nahm ich die Büchse, warf den Sicherungshebel herum, und im selben Moment brach ungewollt der Schuss aus der halbhoch gehaltenen Waffe.

Einer labileren Natur hätte dies wahrscheinlich den Rest gegeben, irgendwie war wohl der Stecher vorgespannt, aber niemals später habe ich diese Situation rekapitulieren können. –

Völlig entsetzt schaute ich zunächst auf Milan, dann auf den im Wundbett liegenden Hirsch, bevor ich repetierte und ihm endlich einen Schuss auf den Träger antrage. Ein letztes Aufbegehren, ein röchelndes Luftholen noch, dann rinnt ein heftiges Zittern durch den urigen Körper. Die Läufe schlagen noch und werden dann still.

Langsam sickerten rote Perlen in das faulende Laub, während hoch oben dunkle Regenwolken zogen und mir diesen Septembermorgen zum unvergessenen Erlebnis machten.

Es war ein 12er Kronenhirsch und der Schuss war Hochblatt.

Wie immer kam jetzt der Moment der Einkehr, der Besinnung, die Zeit für den letzten Bissen und den Bruch. Dann hielt ich die Totenwache, während Milan den Wagen holte.

Die tief verwurzelte, ungezügelte und nicht bezähmbare Gier, ein bestimmtes Tier zu töten, hat mich auch später immer wieder einen Moment in Erstaunen versetzt. Das Erbe unserer Urväter wird mir zum Begriff, wenn auch bei ihnen andere Motive ausschlaggebend waren.

Tröstend vielleicht hier die Aussage des spanischen Kulturphilosophen und passionierten Jägers Jose Ortega y Gasset: „Wir jagen nicht, um zu töten, sondern wir töten, um gejagt zu haben.“

Mit vereinten Kräften laden wir schließlich den edlen Hirsch ....

12er Kronenhirsch aus Jugoslawien

Kapitel 9

Ich gefiel mir als „Architekt“ und Bauherr mehr und mehr

Einmal, es kam selten vor, war ich mit meinem Vater alleine zur Jagd im Westerwald. In einem Gespräch ging es um eine Geldanlage – oder er plante von Anfang an etwas Besonderes für seine Kinder.

Meine Schwester Godi war glücklich mit Chris, einem Engländer, verheiratet, trug den großen Namen Lloyd und lebte in Luton, Grafschaft Beds, Großbritannien. Meine Schwester Gisela lebte mit ihrem Mann Emil und ihren beiden Kindern in einer Mietwohnung in Duisburg. –

Mein Vater sagte zu mir, ich kann ein schönes Grundstück für ein Mehrfamilienhaus in Mülheim-Speldorf kaufen, die Abwicklung eines Bauvorhabens musst aber du machen, damit will ich nichts zu tun haben. Die Wohnungen sollen für dich und Gisela sein!
Das war mal eine Aussage und beflügelte Leben und Arbeit.

Ich weiß nicht mehr, ob ich meinen Vater umarmt oder mich nur überschwänglich bedankt habe. Jedenfalls ging ich sofort an eine Umsetzung dieses Projektes.

Ein Architekt aus Ruhrort, mit welchem ich schon geschäftlich zu tun hatte, bekam den Auftrag über Konstruktion und Abwicklung des Bauvorhabens. Es sollte ein Zweifamilienhaus mit jeweils einer Einliegerwohnung auf jeder Etage werden.

Mit viel Elan und Freude wurde jetzt geplant, Baustoffe ausgewählt und gearbeitet. Vater wollte nur die Pläne sehen, sonst ließ er mir frei Hand. Die fünf Kinder, meine Schwester hatte zwei, waren mit von der Partie, wenn wir schon mal den Garten uns vornahmen oder Materialien, Bad oder Kacheln aussuchten.

Gisela wollte in die I. Etage, uns passte die Parterre sehr gut. Es war ein schönes Jahr und alle waren glücklich. Die obligatorische Miete von DM 250,– war tragbar.

Drei bis vier Jahre waren ins Land gegangen, und meine Sparte hatte zwei neue Mitarbeiter, ein weiterer Ingenieur, Herr Dittmar, baute inzwischen Unterflaschen und auch schon mal Getriebe. Ich verdiente besser und hatte mir bereits eine kleine Rücklage gebildet.

Und – meine Trophäen aus vielen Ländern brauchten Platz. –

Listigerweise hatte ich bei der Planung des Hauses den Grundriss so angelegt, dass unser Wohnzimmer von 26 qm schnell, durch einen Durchbruch der Wand zur Einliegerwohnung, eine komfortable Größe erreichen konnte.

Ein Gespräch darüber mit meinem Vater wollte ich bei einem passenden Moment führen. Der war dann wohl nicht der richtige, denn obwohl ich eine größere Miete vorschlug, gab es ein Donnerwetter wie in alten Zeiten.

Was kam? Selbstverständlich ging ich wieder meinen eigenen Weg, suchte und fand in Speldorf ein Grundstück von 360 qm für eine 1½-geschossige Bauweise. Genau passend für meine Familie.

Ein neuer Architekt, mit dem Verkäufer befreundet, plante sogar ein Schwimmbad mit ein, das Wohnzimmer würde groß genug sein, der Kamin war der Mittelpunkt. Die Kinder hatten jeder ihr eigenes Zimmer und freuten sich.

Eine Finanzierung war gesichert, das Grundstück kostete 25.000 DM.

Freunde meines Vaters gaben mir seine Aussage wieder: „Jetzt plant er sein eigenes Haus, aber um Geld hat er mich nicht gefragt!"

Doch es war selbstverständlich, dass er mir versteckt geholfen hatte, mit Prämien, Tantiemen und dergleichen, aber das „Schwimmbad" war ihm immer ein Dorn im Auge.

Unser Haus war für uns so konzipiert, dass wir der Meinung waren, hier werden wir alt.

Nicht oft hat er uns besucht. Einmal, ich kann mich sehr gut erinnern, kam er zu meinem Geburtstag mit seiner Mauser-Büchse, 9,3 x 64, er schenkte sie mir, da ich eine Safari in Kenia geplant hatte.

Im Herbst waren wieder die Treibjagden, und ich war bei verschiedenen Jagdherren gern gesehener Gast. Von den Vorständen und Direktoren der Demag AG, sie waren Pächter einer Jagd in der Pfalz, in Bad Bergzabern, eingeladen zu sein, war für mich eine besondere Ehre. Als ich zum erstenmal dort Jagdkönig wurde und dies meinem Vater mitteilte, musste ich wieder Vorwürfe wie „man spielt sich nicht in den Vordergrund etc." einstecken. So kam es, dass ich nicht mehr alles kundtat.

Es ging traurigerweise soweit, dass ich besondere Erlebnisse, welche vielleicht außerhalb eines bestimmten Rahmen lagen, gar nicht mehr erzählte.

So war es einmal bei einer Treibjagd meines Vaters, in seinem Revier Willmenrod, bei einer Unterhaltung, ein Freund stellte die Frage: „Wie war das noch bei dem angreifenden Elefanten, hast du den geschossen oder einen anderen?"

Mein Vater schaute erstaunt zu mir hin und fragte: „Einen Elefanten hast du auch geschossen?" Ich sagte nur, ja.

In Anbetracht meiner großen Safari in Kenia, etwa sechs Monate vorher, sehr traurig, dass man sich, aus Erfahrung klug, vor dem eigenen Vater damit zurück hielt.

Aber die Arbeit in der Firma nahm ihren Lauf. Ein zweiter Techniker, ein zweiter kaufmännischer Gehilfe, war inzwischen für die Sparte Krannormteile zuständig. Man saß sich fast auf dem Schoß. Der Bürotrakt in der I. Etage endete an einem kleinen Hof, welcher im Moment als Parkplatz diente.

Kleine Skizze, kurze Kalkulation der Kosten und Besprechung mit meinem Vater. Nach kurzer Erläuterung hatte ich eine neue Genehmigung zum Bau eines Bürotraktes von knapp 150 qm. Die Fläche darunter wurde zum Lager.

Die langjährigen Verbindungen meines Vater zu den Herren der HAFAG führten eines Tages dazu, dass ein anschließendes bebautes Grundstück, durch die Aufgabe des Pächters, uns zur Pacht angeboten wurde. Vater stimmte zu, sicher mit der Gewissheit, dass sein Sohn irgend etwas mit den aufstehenden Gebäuden schon machen würde.

Er lag nicht schlecht mit seinen Gedanken, ich musste „nur“ eine alte Schmiede abreißen, um eine größere Stahlhalle mit 6 Tonnen Laufkran für den Beginn einer eigenen Fertigung auf dem Maschinenbausektor zu verwirklichen. Eine Investition in dieser Größenordnung kostete jedoch noch viel Schweiß und „Tränen“ zwischen Vater und Sohn, bis die Halle II gebaut werden konnte. (Halle I, war die Bezeichnung für eine mit Kriegsschäden behaftete alte Halle aus der Übernahme.)

Die Kranbaufirma Scholten in Duisburg schloss in diesen Zeiten ihre Tore. Einige Teile aus ihrem Programm, z.B. Trommelbremsen, passten ausgezeichnet zu uns, da RIW schon in größerem Maße Bremsbacken aus Aluminium verkaufte.

Ohne zu zögern übernahm ich drei Herren aus dem Betrieb sowie einen kaufmännischen und technischen Angestellten von dieser Firma.

Unser neuer Meister, Herr Heuser, erzählt auch heute noch sehr gerne: „Herr Michel drückte mir einen Schraubenschlüssel und einen Hammer in die Hand, mit den Worten – jetzt bauen Sie mal eine Fertigung für Krannormteile auf!“

Es war kein Stillstand, bei RIW wurde immer gebaut. Bauherr war und ist immer die RIW-Holding AG, eine Gründung nach dem Tode meines Vaters. Diese Gesellschaft besitzt auch heute alle Anteile der RIW-Isolierwerke GmbH, der RIW-Maschinenbau GmbH, der RIW-Assekurranz Bureau GmbH (80%), der RIW-Verlag Okahandja GmbH, der Fremdbeteiligungen RRG-Industrietechnik GmbH, der Neue Ruhroter Schiffswerft GmbH (verkauft 1999).

Nach Auflösung des Produktionsbereiches der RIW-Isolierwerke GmbH stehen seit 2002 die Buchstaben RIW für Rheinische Industrie Werke AG. –

Ansicht vom Wasser

Abbruch einer alten Halle und Neubau Halle 1

Halle 1, Montage

Halle 7, Unterflaschenfertigung

Kapitel 10

Nicht auf Rosen gebettet

Meine liebe Mutter, mit Mädchenname Hennriette Elisabeth Averesch, war eine sehr belesene Frau. 1904 geboren, hat sie schon im reiferen Alter die Zeit nach dem I. Weltkrieg erlebt. Ihr Vater kam verwundet aus diesem Inferno zurück, die Versorgung war mangelhaft und die Franzosen spielten Besatzungsmacht.

Der seit Generationen sich aufgestaute Hass zwischen unseren Völkern wollte sich nicht beruhigen. Der schmachvolle Versailler Vertrag, der uns Jahrzehnte zur Ader gelassen hätte, war nicht dazu angetan, die Menschen friedlich miteinander leben zu lassen.

Die Franzosen wollten und konnten nicht vergessen, dass deutsche Truppen die Kathedrale von Reims einmal beschossen hatten!

Erst nach dem II. Weltkrieg haben Charles de Gaule und unser Kanzler Konrad Adenauer hier zeitnahe, bahnbrechende Impulse gesetzt

In dieser Zeit machte meine Mutter eine Banklehre und lernte meinen Vater kennen. Ich habe noch im Ohr, wenn sie von meinem Großvater erzählte, wie er auf der Lauer lag, wenn mein Vater sie mal zu spät nach Hause brachte.

Die Jugendzeit war schnell vorbei. Ausgedehnte Spaziergänge am Rhein, Treffen mit Freunden des „Wandervogels“ waren dabei schon Besonderheiten.

Die Hochzeit war 1929, die Franzosen waren gerade dabei, das Rheinland zu verlassen. Tochter Gisela wurde 1932 geboren, der grausame II. Weltkrieg warf schon seine Schatten.

Ohne Abstriche war sie in all den schweren Tagen für ihre Kinder da.

Sicher hatte sie ein wenig mehr Freude, als ich ihr endlich, 1966, eine kleine Wohnung in Mülheim-Speldorf beschaffen konnte.

Wenige Jahre waren ihr nur dort vergönnt, bevor ihre Zuckerkrankheit und zum Schluss ein leichter Gehirnschlag ihrem Leben im August 1972 ein Ende setzte. Sie wurde nur 68 Jahre alt.

Kapitel 11

„Ja, ja, der Sohn hat doch gesiegt“

Im Jahre 1975 machte ich mit Persien gute Geschäfte. Eine Reise zu meinen Abnehmern sollte diese Verbindungen konsolidieren. Der Ölboom hatte unter Schah Reza Pahlewi dem Land großen, wirtschaftlichen Aufstieg gebracht. Teheran wollte ich einmal erleben, und der Persische Steinbock lockte auch.

Mein Vater nickte zustimmend, denn er hatte es aufgegeben, mich in dieser Richtung zurückzuhalten.

Am Tag der Abreise verabschiedeten wir uns im Büro, und er klagte über starke Schmerzen im Unterleib.

Die Waffenkontrolle am Flughafen und der Flug selbst klappten hervorragend. Nach Stunden, als die Maschine gegen 22,30 Uhr in Teheran zur Landung ansetzte, war ich noch überwältigt von den schneebedeckten Bergmassiven, aber schon wurde ich von einem neuen Anblick fasziniert: Teheran bei Nacht. Ein Lichtermeer aus vielen hundert Straßenlampen in weiß und goldbraun, eingefasst von Gebirgszügen, zauberte dem Anfliegenden den ersten Perserteppich vor.

Am nächsten Tag, ich hatte meine geschäftlichen Gespräche und die Termine im Büro „Iran Shikar“ geregelt und bummelte durch die interessante Stadt zurück zum Hotel Intercontinentel. Hier fand ich in der Hotelhalle einen beleuchteten Hinweis: Mr. H. Michel, please come to the desk! Man überreichte mir ein Telegramm mit folgendem Inhalt: „Sickness from father very bad, come back as soon as possible.“

Keine Diskussion, ich buchte den nächsten freien Flug.

Mein Vater hatte einen komplizierten Darmdurchbruch und lag auf der Intensivstation. Im Vorzimmer traf ich weinend Tante Helga.

Sie begrüßte mich mit den Worten: „Ja, Ja, der Sohn hat doch gesiegt!“ –

Ich verstand zunächst diese Worte nicht und war auch zu aufgewühlt, um darüber nachzudenken. Erst allmählich glaubte ich, den für mich folgenschweren Satz, der zu gewaltigen, fruchtenden Impulsen führte, interpretieren zu können.

Doch mein Vater war ein harter Mann, er überstand nicht nur die Intensivstation, sondern lebte, entsprechend den Verhältnissen, noch einige, quälende Monate.

Eine Frage werde ich jedoch nie vergessen:
„Wo ist der persische Steinbock?"
„Ich werde ihn dir bringen", war meine Antwort.

Tatsächlich kam ich im Frühjahr des folgenden Jahres von einer Shikar in Persien mit einem kapitalen Steinbock zurück. Das voll präparierte Haupt hat mein Vater noch gesehen.

Nach seinem Tode, er war zur Blutauffrischung im Krankenhaus und hat es nicht mehr verlassen, versammelten wir Geschwister uns im Hause meines Vaters.

Meine Schwester Godi war gerade zu Besuch. Neben den Ehepartnern war auch der Mann meiner Schwester Karin, sie hatten sich gerade scheiden lassen, zugegen.

Es entstand eine Situation welche mir ungeheure Beherrschung, Weitsicht sowie Mut und Tatkraft abverlangte.

Tante Helga sagte uns, dabei speziell mich anschauend, etwa vier Stunden nach dem Tode meines Vaters:

„Damit du dich nicht zuviel aufregst, bei der Eröffnung des Testamentes – Vater hat es noch einmal geändert, die Anteile der Firma sind durch vier geteilt worden".

Ein „Schlag", bei dem ich gewaltige Beherrschung benötigte, aber auch sofort in den „Ring" stieg. (Mit 18 Jahren hatte ich kurze Zeit geboxt, Halbschwergewicht, aber so meine ich das jetzt natürlich nicht.)

Meine Kernaussage für die weitere Unterhaltung war:

„Wenn ihr mir nicht soviel Anteile verkauft, dass ich die Mehrheit besitze, werde ich meinen eigenen Weg auf dem Sektor Maschinenbau gehen."

Nach vielen Einwänden und Appellen meiner Schwestern, wie z.B. sie würden immer hinter mir stehen, sie hätten keinerlei Ambitionen, sie meldeten keinen Anspruch auf die Geschäftsführung an etc., kam langsam eine Lösung in Sicht.

Schließlich wollte meine Schwester Karin mir ihre 25%, Schwester Godi zunächst 3% verkaufen.

Damit waren die Weichen gestellt. Im Düsseldorfer Golfclub wurde verhandelt. Das Stammkapital betrug zu der Zeit 100 Tsd. DM, die Forderung für einen Anteil von 25% waren überhöht, aber ich schlug letztlich ein, denn ich wollte Ruhe haben für einen Neuanfang. Mein Steuerberater schlug später seine Hände über dem Kopf zusammen.

Meine Schwester Karin zog immer neue Spickzettel aus der Tasche, auf welche ihr geschiedener Mann Anweisungen gegeben hatte. Ich wollte ihn nicht sehen, denn mir missfiel sein Mangel an bestimmten Äußerlichkeiten und an Formen guter Gesellschaft. Später hat er meine Schwester zum zweitenmal geheiratet und kräftig mitgeholfen, das Geld auszugeben.

Meinen weiteren Weg hatte ich nun vorgezeichnet.

Zu Ehren meines Vaters möchte ich die dramatische Jagd auf den Persischen Steinbock, Capra-Ibex aegagrus, anlässlich meiner zweiten Shikar in Ausschnitten wiedergeben.

Wir schreiben das Jahr 1975

.... nach sternklarer Nacht stand der fast volle Mond über den Bergen der Black Hills des Mooteh Reserve, unserem Jagdgebiet.

Nach traumloser Nacht war der Himmel noch schwarz, als Scheich Omar, die Gaslampe in der Hand, uns zum Frühstück bat. Schnell war ich in meinen Kleidern und wurde gleichzeitig von einer inneren Unruhe erfasst, sicher dem aufkommenden Jagdfieber zuzuschreiben.

Kurz nach dem einheimischen Fladenbrot-Frühstück saß ich im Landrover. Nach etwa 25 Kilometern hatten wir die Ausläufer der Black Hills erreicht. Die mitgebrachte Nahrung passte in eine Zeltplane, und Mahno, mein Führer, einer der Wildhüter und ich begannen mit dem Fußmarsch. Bald sahen wir Mirsah mit dem Wagen nur noch als Punkt.

Dann begann der Aufstieg, von dem ich nicht wusste, ob ich als untrainierter Flachlandtiroler den Strapazen überhaupt gewachsen war. Eine Mahnung meines Vaters bedenkend, nahm ich mir vor, eine eventuelle Schwäche nicht aus falschverstandenem Stolz zu verschweigen, sondern mich auszuruhen, wenn es notwendig sein würde.

Mahno war gleich mit weitausgreifenden Schritten immer etwa 20 – 30 Gänge voraus. Mit Argusaugen achtete ich darauf, dass der Wildhüter mit der Traglast auf dem Rücken nicht an mir vorbei kam, ich bildete mir ein, dass sie meine Schwäche dann nicht so erkennen würden.

Von Zeit zu Zeit verhoffte Mahno, dann suchten wir mit den Gläsern, manchmal eine halbe Stunde lang, alle Berge und Schluchten in unserem Gesichtsfeld ab. Nach längerem Aufstieg konnten wir die ersten Capra-Ibex ausmachen. Es waren fast nur weibliche Stücke mit einigen jungen Böcken, die in einer Entfernung von mehr als 1000 Metern spielerisch in den Felsen turnten. Mahno winkte jedoch ab, und wir stiegen weiter, bis wir den Bergrücken erreicht hatten. Von oben konnten wir in einen Talkessel schauen, in dem sich einige, vielbelaufene Wechsel von Steinböcken erkennen ließen. Wir lagen gut gedeckt und schauten. Aber, obwohl uns der Wind ins Gesicht wehte, war nirgendwo das Haupt eines Steinbockes zu sehen.

Dieser weltentrückten Landschaft war statische Ruhe zu eigen. Unterhalb der Gipfelmassive, die alle noch ihre ausgedehnten Schneekuppen hatten, wuchsen kahle, schwarze Berge hervor, welche aus witterungszerspaltenen, vegetationslosen Schutthalden bestanden. Diese Gegend, abweisend und fast feindlich erscheinend, war das Reich des Capra-Ibex, des persischen Steinbockes.

Unwillkürlich rollten die Bilder vor meinen Augen ab, die ich beim Flug über die Bergwelt der Türkei aufgenommen hatte. Wie viele, kaum erfassbare weite Gebiete befinden sich heute noch im Urzustand. Anders kann es vor ein paar tausend Jahren hier auch nicht ausgesehen haben. Aber sind die Menschen, welche heute hier leben, verglichen mit ihren in unvorstellbarer Armut lebenden Vorfahren, glücklicher? Sicher haben seinerzeit die Menschen auch nicht an dem Glauben ihrer Götter gezweifelt. Wenn man noch bedenkt, dass die wenige Habe ständig durch räuberische Stammesfehden auf dem Spiele stand, war der Glaube einfach das höchste Gut.

Aus der türkischen Mythologie möchte ich an dieser Stelle König Antiochos, der etwa 80 vor Christus lebte, zitieren. Er sagte einmal:

„Ich bin zu der Ansicht gekommen, dass von allen Gütern der Menschen der Glaube nicht nur der größte Genuss, sondern auch der sicherste Besitz ist". –

Gerade als wir aufbrechen wollten, erspähten wir auf dem gegenüberliegenden Grat, in sehr großer Entfernung, zwei Stück Wild. Als wir sie mit den Ferngläsern erfassten, erschraken wir fast, denn es waren ein kapitaler und ein schwächerer Steinbock.

Das war der ersehnte Anblick. Bei weiterer Beobachtung wurde mein Wunsch, einen Steinbock zu jagen, jetzt zum inneren Befehl, diesen König der Berge oder keinen!

Jetzt mussten wir sehr vorsichtig sein und unsere Bewegungen einschränken, denn die hervorragenden Augen der Steinböcke würden uns auch auf Entfernungen von mehreren hundert Metern wahrnehmen.

Selbst unsere Köpfe dürften wir nicht zeigen, sonst wäre zunächst alle Mühe umsonst.

Noch immer stand der starke Bock mit seinem Adjutanten königlich gelassen auf dem Bergrücken. Wie viele Kämpfe mochte er in den letzten Jahren hier mit seine Rivalen geführt haben, um sein Revier zu behalten? Ist er immer Sieger geblieben?

Seiner Haltung nach kannte er keine Niederlagen, sicher aber kannte er im Umkreis alle Gipfel, Schluchten und Kessel, wusste wo die Wechsel zu den besten Äsungsplätzen führten.

Mahno riss mich aus meinen Träumen, wenn wir ihn heute noch haben wollen, stand uns noch einiges bevor. Wir mussten zunächst zurück, das bedeutete einen Abstieg von rund 300 Metern Höhenunterschied, und dann auf der anderen Seite wieder hinauf. Wo mochte der Steinbock dann sein?

Nach einiger Zeit merkte ich, dass meine Kräfte nachließen. Es war mir auch jetzt am frühen Nachmittag, trotz der relativen Kälte, in meiner pelzgefütterten Jacke recht warm.

Mühsam stapfte ich hinter Mahno her, der treue Wildhüter mit leichtem Gepäck hinterdrein. Ich hoffte, wir würden, wenn wir den Grat wieder erreichten, erst einmal richtig essen und seine Last etwas erleichtern. Dieser Gedanke gab mir neuen Schwung, denn das wäre auch eine längere Pause.

Plötzlich merkte ich, dass ich näher an Mahno herangekommen war, der offenbar absichtlich den Schritt verhielt, denn wir hatten den Kamm fast erreicht. Die nächsten Minuten waren entscheidend, deshalb legten wir die letzten Meter bis zu Kammhöhe kriechend zurück. Mahno bewegte sich dabei wie eine Schlange und gab mir schließlich ein Zeichen, näher zu kommen. Eine Schlucht mit schroffen Hängen tat sich vor uns auf. Zunächst suchte ich vergeblich mit meinem achtfachen Glas den gegenüberliegenden Bergrücken ab. Dem ausgestrecktem Arm Mahnos folgend, sah ich dann, in vielleicht

500 Metern Entfernung, die beiden Böcke. Mahno mahnte zur Ruhe, und wir hatten etwas Zeit, den Hunger zu stillen.

Während die anderen ihr Fladenbrot und die stark gewürzte Hartwurst verzehrten, ich hatte noch keinen Appetit, beobachtete ich die beiden Böcke weiter und ließ besonders den Starken nicht mehr aus meinem Gesichtsfeld entschwinden. Erst als mir die Augen zu brennen begannen, setzte ich das Glas ab. Ich glaube, das Aufgehen des Jägers in der Landschaft und die tiefe Identifikation mit dem Wild in solchen Momenten birgt einen hohen waidmännischen Genuß.-

Ich sah ihn, wie er gewandt auf den schmalen Bändern in der Steilwand dahinzog und mit elegantem Sprung eine Felsrinne nahm, die ich einem so schweren, kopflastigem Wild niemals zugetraut hätte. Auf unsichtbarem Felswechsel stieg der Steinbock nun schräg nach unten, gefolgt von seinem Adjutanten. Es hatte den Eindruck, dass sie uns näher kamen. Mahno und ich versuchten, ihn durch unsere Gläser regelrecht zu „hypnotisieren“. „Komm doch, Capra Ibex, komm hierher, hierher!“

Aber es half nicht, schon bald waren die beiden wieder auf dem Weg nach oben. Aus den Blicken von Mahno entnahm ich seinen Zweifel, ob die Zeit für ein weiteres Nachsteigen noch reichen würde, denn mehr und mehr war der Tag dabei, sich dem Ende zuzuneigen. Trotz meiner brennenden Füße versuchte ich, Mahno aber zu weiteren Verfolgung zu bewegen, obwohl mich vor Erschöpfung der Wunsch nach Ausruhen und Schlafen beherrschte.

Aber wir gingen weiter, der Bock hatte uns in seinen Bann gezogen, und eine Kraft ganz anderer Art übte einen ungeheuren Zwang aus. Man konnte sich wirklich fragen, wer ist hier eigentlich das gejagte Wild, er oder wir. Bei weiterer Überlegung kommt man dann sicherlich zu dem Schluss, dass Jagd ohne die Herausforderung durch das Wild gar keine Jagd ist. –

Mahnos Ziel war es, den braunroten Steinböcken den Weg abzuschneiden, was natürlich nur gelingen konnte, wenn sie ihre jetzige Richtung beibehalten würden. Also wurden die letzten Kräfte mobilisiert, und jede Deckung genutzt, um dem Wild näher zu kommen. Mein Herz hämmerte, die Halsadern pochten wie nie, und die Lungen arbeiteten wie Blasebälge, als wir endlich hinter einem Steinriegel verhofften. Denn in der gegenüberliegenden Wand war Steinschlag zu hören und gleich darauf anhaltendes Geriesel. Durchs Fernglas konnte ich nichts sehen, aber Mahno drängte zur Eile und hatte schon seine Jacke als Auflage zurecht gelegt. Dann sah ich die beiden Böcke, es waren nach grober Schätzung etwa 300 Meter, Beeile dich, gab Mahno zu verstehen.

Mein Blut pochte jetzt in den Adern, als wollten sie jeden Moment zerspringen. Endlich hatte ich ihn im Zielfernrohr, aber ehe ich den Gedanken über die leicht mögliche Verschätzung der Entfernung im Gebirge zu Ende gedacht hatte, waren die beiden Steinböcke in einer Mulde verschwunden. Es nützte nichts, dass ich mit gestochener Waffe im Anschlag lag und wartete, die beiden blieben verschwunden.

Die Sonne neigte sich mehr und mehr dem Horizont, die Schatten wurden länger und länger, und meine Gedanken entsprechend.

„We should be over them, before day break!” Mahnos Worte brachten mich in die Wirklichkeit zurück.

Die ganzen Strapazen umsonst? Mir wurde schwindelig, noch solch ein Tag mit seinem ständigen Auf- und Abstieg, würde ich den durchhalten? Und würden wir diesen starken Steinbock noch einmal wieder sehen?

Da kam mir ein Gedanke, warum sollte man nicht eine Nacht hier oben im Berg verbringen können? Wie viele Nächte hatte ich zu Hause schon auf Sauen durchgesessen? Wenn auch die Schlafsäcke fehlten, was soll's, ein Ab- und Aufstieg kostete mich sicher mehr Energie.

Ich weiß nicht mehr mit welchen Argumenten ich Mahno überzeugt hatte, aber schließlich gab er nach. Wir machten uns daher auf die Suche nach einem geeigneten Platz, welcher für wenige Stunden uns Unterschlupf gewähren konnte. Er sollte uns vor allem vor eventuellen Regenfällen schützen und vor den jetzt schon aufkommenden Nachtwinden. Bald fanden wir eine geeignete Felsspalte, welche uns für diese Zwecke ausreichend erschien.

Ehe die Dunkelheit voll hereinbrach, brannte ein kleines Feuer, und von dem restlichen Mundvorrat wurde etwas verteilt. Einträchtig saßen wir auf der einzigen Zeltplane, welche uns doch nur am Tage vor Regenschauer schützen sollte.

Eine merkwürdige Abendstimmung begann über den wilden Felsenkessel hereinzubrechen. Wir lagerten in etwa 1800 Metern Höhe und je dunkler es wurde, desto unheimlicher standen die verwitterten Wände um mich herum. Kein Laut war zu hören, leblos wie eine Mondlandschaft ragten die nackten Felsen auf. Meine Gedanken wanderten zu dem verfolgten Wild. Was macht „er“ jetzt? Hat er sich niedergetan? Ist er überhaupt schon einmal bejagt worden? Diese offenen Fragen ließen mich lange keinen Schlaf finden.

Ich lag auf der Seite; zwischen dem steinigen Boden und meinem Körper war nur die Zeltplane. Nach einer gewissen Zeit musste man sich umdrehen, weil man die Schmerzen an den Druckstellen einfach nicht mehr aushalten konnte. Hierbei wurden die Jagdfreunde auch wach – wenn sie geschlafen hatten? – denn unsere Körper lagen dicht beieinander, um wenigstens so etwas Wärme halten zu können. Mein Oberkörper war durch die dicke Jacke noch gut temperiert, aber von unten kroch die Kälte langsam, aber stetig herauf. Wenn der Schlaf mir doch nur einige Stunden genommen hätte!

Immer wieder sah ich den alten Steinbock in der Wand. Fünfzehn bis zwanzig Zentimeter schätzte ich den Umfang an der Wurzel seines Kopfschmuckes. Mindestens neunzig Zentimeter Hornlänge, hatte Mahno gesagt. Mit diesen Maßen wäre er kein übermäßig starker, aber ein durchaus kapitaler, jagdbarer Bock, der nun durch die Schwierigkeiten seiner Verfolgung, einen ganz besonderen Reiz auf mich ausübte.

Die gleichmäßigen Atemzüge meiner Jagdgefährten zeigten mir, dass sie schliefen, woran bei mir immer noch nicht zu denken war. An meinen ohnehin lädierten Füßen fror ich ganz erbärmlich und machte deshalb in den Schuhen Zehengymnastik. Über mir am klaren Himmel, ich konnte durch die sich verjüngenden Felswänden einen Teil sehen, zog in einem ganz anderen blau als in Europa jetzt unendlich langsam der große Bär, Orion und die Waage vorbei. Wenn die Sonne doch bald diese Nacht ablösen wollte, ging es mir durch den Kopf. Ich wagte gar nicht, auf die Uhr zu schauen, vielleicht war die Mitternachtsstunde noch nicht vorüber, oder es war schon später als ich dachte.

Was wird Mirsah, der Fahrer, gedacht haben, als wir bei Einbruch der Dunkelheit nicht am vereinbarten Treffpunkt waren? Gedanken, Gedanken...

„Did you sleep very well?" Die Stimme von Mahno, ich musste also trotz der Kälte schließlich doch noch eingeschlafen sein. Meine Glieder waren stocksteif, trotzdem fühlte ich, dass ich wieder Kräfte gesammelt habe.

Dann brannte wieder unser kleines Feuer, genährt von dem spärlich Bewuchs. Wir klopften uns gegenseitig warm und machten Freiübungen. Als wir die ersten Schimmer des neuen Tages sahen, waren wir froh, dass die Nacht vorbei war.

Schnell hatten wir die wenigen Habseligkeiten zusammengepackt, und schon ging es wieder über Steingeröll und spärliche Wechsel bergab. An der anderen Seite hoch, um einen kleinen Steinkopf zu erreichen, den wir umklettern mussten. Wichtig war zunächst, wieder Kontakt mit unseren beiden „Freunden" zu bekommen. Nach fast zweistündiger, teilweise mühseliger Kletterei hätte ich vor Freude jubeln können, denn Mahno zeigte mit ausgestrecktem Arm auf eine Felsgruppe in etwa gleicher Höhe. Schneller als sonst erfasste ich die Situation und sah tatsächlich unsere beiden Steinböcke in ca. 800 Metern Entfernung vertraut äsen.

Ein lang gestreckter, im Bogen verlaufender Bergrücken verband unsere Position mit der Felsgruppe der anderen Seite. Wenn wir nun vorsichtig den Kamm überklettern und auf dem Rücken desselben vorgehen würden, könnten wir in guter Deckung und gutem Wind an die beiden herankommen. Unsere größte Sorge war natürlich, dass die Steinböcke weiterhin vertraut blieben, wir sie nicht vergrämten und sie sich so wenig wie möglich von ihrem jetzigen Standort entfernen würden.

Als wir die Höhe des Rückens überstiegen hatten, musste auf Lautlosigkeit nicht mehr so große Rücksicht genommen werden. Wir eilten, wenn der Boden es zuließ, hasteten und liefen vorwärts.

Durch unsere Geräusche hatten wir unter uns ein Rudel Armenischer Schafe aufgeschreckt. Zum erstenmal sah ich diese wilden Schafe. Ein Widder mit weitausladendem, geschwungenen Kopfschmuck, der von hinten, aus meinem Winkel in der Draufsicht, fast wie ein großer breitrandiger Sombrero aussah, führte sein Rudel aus dem Gefahrenbereich.

Dann begann Mahno wieder zu steigen, er wollte zum Kamm. Sollten wir schon soweit sein? Ich hatte gar kein Gefühl mehr für Entfernungen. Es war alles eine Frage der Anstrengung, ich stolperte fast nur noch hinter meinem Jagdführer her. Einmal hatte ich mich kurz hingesetzt, aber schnell war der Wildhüter heran. Sollte ich ihn vorbei lassen? Nein, das würde einer Kapitulation gleichkommen. Darum auf und weiter, auch wenn es schwer fiel. Mein Atem ging schnell, und mein Herz sprengte fast die Brust.

Inzwischen waren wir sehr vorsichtig über den Grat geklettert und pirschten, jede Deckung nutzend, schräg abwärts. Von unseren Steinböcken war zunächst nichts zu sehen. Mahno, etwa 30 Schritte voraus, hatte einen über mir liegenden Felsriegel umklettert und wartete dort auf mich. Mir schien der bequemere Weg etwas weiter unten, und ich fragte ihn durch Zeichensprache, ob ich diesen Weg nicht gehen könnte. Er aber winkte ab, ich sollte ihm folgen.

Von jetzt ab überschlugen sich fast die Ereignisse. Mühsam hatte ich Mahno endlich erreicht und prallte fast gegen seinen Körper, denn er war im gleichen Moment einen Schritt zurück gesprungen. „Quickly!“ Mit diesem Wort drückte er mich an sich vorbei, und ich konnte, vorsichtig über einen Felsvorsprung schauend, ein Weiterkommen war gar nicht mehr möglich, die beiden verfolgten Steinböcke sehen. Es waren etwa 200 Meter in einem Winkel von ca. 30°. Jeden Moment konnten sie wieder hinter einem Felsvorsprung verschwinden.

Alle Anstrengung, Aufregung und Gefahr war in diesem Moment vergessen. Ich schob mich, die Waffe ruhig repetiert, auf den Felsen. Die dicke Jacke war hierbei von Vorteil. Meine Augenlider flatterten; sollte jetzt die Entscheidung fallen?

Ruhig ging ich in Anschlag und hielt den Zielstachel dorthin, wo das Herz schlug. Ich musste dem noch vertraut, spitz von uns fort ziehendem Bock die Kugel von oben zwischen die Blätter antragen, stach ein, hielt den Atem an .....

„Don't shoot, don't shoot!" Fast wollte ich die Worte von Mahno überhören, um diese Gelegenheit nicht zu verpassen. Es erschien mir unsinnig, mein Finger berührte schon fast den Abzug, da riss mich rauh seine Hand zurück. Ein Blick in seine Augen, ein paar geflüsterte Worte, ließen mich aber dann augenblicklich die Gefahr erkennen. Die Mündung meiner Waffe zeigte auf einen Felsvorsprung, während ich durch das höher montierte Zielfernrohr den Bock klar im Fadenkreuz hatte. – Was passiert wäre, wenn Mahno mich nicht im letzten Augenblick zurückgehalten hätte, wagte ich mir gar nicht vorzustellen. Mit Sicherheit wäre die Kugel von dem harten Felsen zerleg zurückkatapultiert und hätte mich wahrscheinlich schwer verletzt. Noch heute bin ich Mahno dafür dankbar.-

Noch waren die Steinböcke zu sehen. Ich verbesserte meine Position und zielte sorgfältig. Der Zielstachel tanzte jedoch jetzt regelrecht auf dem Bock, der mir nun sein Blatt zeigte. Gerade wollte er hinter schützendem Fels verschwinden, da brach mein Schuss.

Alea jacta est! – Die Würfel sind gefallen – Aus – Vorbei. Ich war gut abgekommen, und anscheinend tödlich getroffen fiel der alte Steinbock über einen Vorsprung in die Tiefe. Jedenfalls hatte er Schuss!

Das Echo des Schusses halte noch von allen Seiten, als mein fragender Blick zu Mahno ging."Good shot“, und dabei klopfte er mir auf die Schulter, denn ich hatte mich inzwischen aus meiner nicht ganz ungefährlichen Lage zurück bewegt. Ganz glücklich war ich allerdings in diesem Moment noch nicht, zuviel hatte ich gelesen und gehört von angeblich gut getroffenem Wild, was nachher nie gefunden wurde. Wenn ich den verendeten Bock jetzt gesehen hätte, hätte ich den von Figur nicht kräftigen Mahno sicher zu fest in meine Arme genommen.

Der treue Wildhüter war schon mit leichten Sprüngen über Felsen, welche ich kaum zu überklettern gewagt hätte, auf dem Weg zum Anschuss. Mein Fernglas trug er dabei in der Hand, denn vor dem Schuss hatte ich es ihm gereicht. Während Mahno strahlte, meine Freude noch gedämpft war, sahen wir den Wildhüter eine Zeitlang am Anschuss und dann verschwinden.

Ein Nachklettern wäre nicht nötig, wir sollten ruhig warten, meinte Mahno. Als aber nach einer guten halben Stunde noch nichts zu sehen oder zu hören war, folgte Mahno, in seinem

Ausdruck nicht mehr ganz so sicher, seinem Wildhüter. Ich sollte zunächst an der Stelle bleiben und ihn gegebenenfalls einweisen. Anschließend sollte ich über ein seitlich liegendes Geröllfeld geradewegs zur Talsohle laufen.

Bald darauf war Mahno meinen Blicken entschwunden, ohne mir vom Anschuss irgendwelche Zeichen gegeben zu haben.

Nach kurzer Wartezeit begann auch ich mit gedämpften Hochgefühl den Abstieg. An einer mir angegebenen Stelle machte ich eine Verschnaufpause, ohne die Gegend aus dem Auge zu lassen, wo meine beiden Jagdgefährten sein mussten. Mit Nachdruck nahm ich derweil das Bild der Landschaft in mir auf, um immer die Heimat meines doch sicherlich auf der Decke liegenden Steinbockes vor Augen zu haben.

Die Zeit lief dahin, inzwischen hatte ich mich weiter der Talsohle genähert. Unruhig geworden, versuchte ich laut rufend, eventuell akustischen Kontakt mit den Freunden zu bekommen.

Endlich sah ich oben eine Bewegung im Fels und erkannte Mahno mit zum Himmel ausgestreckten Armen, sicher ein Zeichen des Sieges. Ich war erleichtert und überwältigt zugleich, konnte aber leider in diesem Augenblick meine Freude mit keinem teilen. Langsam ging ich den beiden entgegen. Während der Wildhüter vorausgehend den Bock mit den langen Hörnern auf seinen Schultern trug, hielt Mahno die Hinterläufe. Mein Glas hatte der Wildhüter vor der Brust, ich konnte leider dadurch nur mit den bloßen Augen beobachten. Plötzlich hielt er eins der geschwungenen Hörner in der Hand. Tief erschrocken hastete ich ihnen nun entgegen. Was war geschehen? War eines der Hörner beim Absturz des Bockes abgebrochen?

Gott sei Dank, konnte ich mich bald wieder beruhigen, der Wildhüter fand beim Abstieg ein stark verwittertes Horn eines längst eingegangenen Steinbockes.

Meine Schwäche und Müdigkeit waren verschwunden. Stolz und gleichzeitig mit ein bisschen Wehmut kniete ich schließlich vor dem bereits aufgebrochenen Steinbock. Alle Strapazen waren im Moment in der seltenen Trophäe aufgegangen, sie sollte später einen Ehrenplatz in meinem Jagdzimmer bekommen. Den letzten Bissen in Form eines kleinen Bundes der hier spärlich wachsenden Gräser legte ich auf seine Decke ....

Als ich später meinem kranken Vater das vollpräparierte Haupt des Persischen Steinbockes zeigte, nickte er Zustimmung, und in seinen Augen sah ich Stolz.

In Österreich hatte ich einmal einen ganz passablen Muffelwidder geschossen und mich daher mit den Schafen und Ziegenartigen der Erde beschäftigt.

Die Shikar in Persien war schließlich der Anstoß, zu versuchen, mehr von dieser Spezies zu jagen, welche dem Jäger einiges abverlangt. Leider ist hier auch die Kraft der Jugend begrenzt. Die Amerikaner haben ein Sprichwort:

Sein Schaf haben, ehe man 35 wird!

Es ist mir jedoch gelungen, von den 15 jagdbaren Hauptschafarten der Erde 9 erfolgreich zu bejagen.

Dazu gehören: das Dallschaf aus Alaska, das Mähnenschaf aus der Sahara, das Blauschaf aus dem Himalaya, das Argali aus der Mongolei, der Sibirische Steinbock, der Spanische Steinbock, der Nubische Steinbock, der Persische Steinbock und das Europäische Muffel.

Ich habe es wohlwollend genossen. Diana sei Dank!

Persischer Steinbock, Iran

Zum Vergleich der sibirische Steinbock aus der Mongolei

Kapitel 12

Meine Kinder

Es war im Text schon mal die Sprache von der glücklichen Geburt meines Sohnes Frank. Er war viele Jahre meine große Hoffnung, vielleicht hatte ich auch zuviel erwartet, aber letztlich meine größte Enttäuschung.

Mein Sohn Oliver, 1962 geboren, bekam meine ganze Liebe, weil er praktisch alles mit mir teilte, aufbaute und bewahrte, bis er mit 25 Jahren, vierzehn Tage nach seinem Ingenieurdiplom, an einer Herzmuskelentzündung in meinen Armen starb. –

Unser Nesthäkchen Petra, 1965 geboren, natürlich der ganze Stolz der Familie, ausgesprochen hübsch, Charakter vom Vater, baut sich auf, um alles mal zu übernehmen.

Wenn meine vielen Geschäftsreisen und Jagden in alle Welt den Eindruck erwecken, die Hauptlast der Erziehung der Kinder fiele auf die Mutter, muss ich dem heftig widersprechen. Die Wochenenden gehörten den Kindern. Wie oft bin ich allein mit den Kindern und dem Hund unterwegs gewesen, nur um der gestressten Mutter Zeit zur Erholung zu geben. Dazu zählten auch längere Urlaube von „Vater mit drei Kindern".

Es war sicher einmal zuviel. Denn bei einer gleichzeitigen Kur lernte sie, nach 20-jähriger Verbindung, wohl den Mann ihres Lebens kennen, räumte das Feld und überließ die Kinder dem Vater.

Zunächst kämpfte ich noch wie ein Löwe, um alles aufrecht zu erhalten, bis ich merkte, dass ich sie nur zurück haben wollte, um sie rauszuwerfen!

Vielleicht hat sie bei mir gelernt, wie man zu Geld kommt, jedenfalls war die Abfindung wohl so hoch, dass der Scheidungsrichter nur wenige Worte sagte: „Davon können Sie ja gut leben, Frau Michel, ich stimme der Scheidung zu!"

Meinen Kindern gab ich eine goldene Regel: „Mittlere Reife"..........Führerschein
„Abitur" ....Eigenes Auto!

Sohn Frank setzte diese Regel nach seinen Vorstellungen durch, kaufte sich einen Gebrauchtwagen, welchen Vater reparieren musste. Zog frühzeitig zu seiner späteren Frau und lebte lieber mit zwei großen Hunden in einer Dachwohnung.

Die Kontakte waren wenigsten noch soweit, dass ich ihn zu einem Studium, BWL, überreden konnte. – Er ging nach Trier, aber nach wenigen Wochen war er wieder zurück, weil angeblich der Studienort nicht richtig zugeteilt war!?

Er schottete sich mit seiner Freundin mehr und mehr ab und es blieb ruhig. Als meine Frau Lisa und ich den beiden einen Versöhnungsbesuch machten, wurde auf die Frage: „Was machst du jetzt eigentlich?“ die Antwort gegeben: „Ich bin Bierfahrer bei der König-Brauerei“

Ich hatte kein Verständnis, dass er nicht versucht hatte, sich um einen Arbeitsplatz bei RIW zu bemühen, es verschlug mir die Sprache, und der Besuch war damit beendet.

Einige Monate später hatte er sich dann doch besonnen, und wir machten einen Versuch. Ich gab ihm die Möglichkeit, eine kaufmännische Lehre zu absolvieren, damit er später einen bestimmten Bereich in der Firma weiter ausbauen konnte.

Die Zusammenarbeit stand jedoch auf beiden Seiten unter großer Anspannung. So machte ich ihm den Vorschlag, er hatte die Lehre abgeschlossen, sich in einer fremden Firma, einer passenden Branche, weiterzubilden.

Als er nach etwa zwei Jahren zurückkam, ich hatte ihm, in einem neuen großen Bürogebäude, RIW- Bürocenter West, ein größeres Büro eingeplant, lief es soweit ganz gut.

Zwischenzeitlich machte er mir eine Freude, in dem er mich plötzlich mit der Information überraschte, dass er einen Jagdschein gemacht hatte. Wir näherten uns langsam, aber immer war da wieder eine neue Störung.

Bei dem plötzlichen, schrecklichen Tode Olivers, sagte er mir mit tröstenden Worten: „Papa, sollte ich mal einen Sohn bekommen, wird er Oliver heißen!“ Ich freute mich sehr darüber.

Die Zeit ging ins Land. Er hatte sich inzwischen einer kirchlichen Sekte zugewandt, und die Schwiegertochter trug einen Sohn unter ihrem Herzen.

Meine Frau Lisa und ich waren voller Freude – „unser“ Oliver kommt wieder – aber es war nicht so, der Junge bekam den Namen Jonathan. –

Die Spannungen wuchsen, obwohl ich ihn mehrmals mit zur Jagd nach Polen nahm, um so in Zweisamkeit zu versuchen, das Verhältnis zu verbessern.

Doch zurück in der Firma, entwickelte sich aus einer Kleinigkeit eine fürchterliche Auseinandersetzung, im Beisein meiner Frau Lisa und Tochter Petra.

Der wenige Tage später angesetzten Hauptversammlung der Aktiengesellschaft blieb er fern. Auf die Abmahnung hin schrieb er: „Ein Aktionär hat wohl das Recht der Teilnahme an einer Hauptversammlung, aber nicht die Pflicht.

Ich kam endgültig zum Schluss, dass er seinen Lebensweg allein finden musste, und leitete die endgültige Trennung ein. Mein Testament wurde geändert, und er musste seine Anteile, welche er an der Aktiengesellschaft hielt, seiner Schwester übertragen bzw. verkaufen.

Er lebt in meinem ersten Haus, und ich habe ihn seit vielen Jahren nicht mehr gesehen.-

Hier war Oliver ganz anders. Nicht, dass er es verstand, seinen Vater zu nehmen, nein, die Harmonie, die gleichen Gedanken und Interessen, fügten sich bei uns zu einer schwer zu sprengenden Einheit.

Während seines Studiums war er häufig in der Firma und machte auch hier die Arbeiten für die Universität. Wie oft waren wir zusammen auf der Jagd, haben viele Böcke gemeinsam geschossen, ganze Nächte auf Sauen gesessen, Hochsitze gebaut usw.

Immer war er zur Stelle, oder ich stand ihm zur Seite, ohne dass er seinen Freundeskreis vernachlässigte.

Er ist mir nah, und manchmal spreche ich mit ihm.

Der Abschluss seines Studiums machte mich sehr stolz. Doch im Trubel der Weihnachtstage hatten wir aus Zeitmangel noch nicht einmal einen Umtrunk gehalten, als der Tod unbarmherzig zuschlug. Es war der 11. Januar 1988. Er war mein Leben.

Tochter Petra, geboren 1965, hatte es hier etwas besser. Mit zwei Brüdern an der Seite und oft ein Liedchen auf den Lippen, lag ihr die Welt schon frühzeitig zu Füßen. Den Vater wickelte sie um den Finger, war aber andererseits auch eine kleine Mimose.

Sie war in jungen Jahren immer dabei, wenn etwas unternommen wurde. Die Schule machte sie fast mit links. Nach ihrem Abitur, bildete sie sich weiter zur Betriebswirtin.

Mir stand sie, besonders in der schwierigen Zeit, immer loyal zur Seite. Als ich meine Frau Lisa in den USA kennen lernte, die Kinder waren bei mir, aber davon später mehr, sagte sie mit zwölf Jahren zu mir: „Nimm sie doch direkt mit!“

Sie ist glücklich verheiratet und hat heute einen vierzehnjährigen Sohn.

Mein Vater

Meine Kinder

Meine Hunde

Kapitel 13

Ein neuer Anfang, ein neues Leben

Meine Stunde Null war im September 1978. Mit meinen Kindern war ich seit Wochen zum erstenmal wieder im Jagdrevier Westerwald. Wir hatten inzwischen nun auch eine Blockhütte am Dorfeingang gebaut.

Es war früher Nachmittag, die Kinder waren bei ihren Freunden, und ich saß einsam in meiner Hütte.

Wie im Traum rollte plötzlich mein Leben rasend schnell vor meinen Augen ab. Was war schiefgegangen? Hattest du nicht alles für deine Familie getan? Ein schönes, modernes Haus, Gesellschaften, Urlaube in der Karibik, Reisen nach Südamerika, Norwegen, Paris .....

Selbstvorwürfe wirbelten in meinem Kopf. Was wird aus den Kindern?

An der Hüttenwand hing meine Waffe. Heute schäme ich mich nicht, zu sagen, dass Gedanken mir vorschwebten, wie leicht alles geregelt werden könnte.....

Gleichzeitig wollte ich mich natürlich nicht vor der Verantwortung und Verpflichtung meinen Kindern sowie meiner Belegschaft gegenüber drücken. Schnell und tiefdringend machte ich den Versuch, nur an die schönen Dinge zu denken, tröstete mich aber auch mit dem Gedanken, dass einer den Weg wohl vorgezeichnet hatte. Vielleicht wird alles besser, ein neuer Anfang, ein neues Leben!

Jetzt musste ich schnell in mein Revier. Nur der Wald konnte mir jetzt die Kraft geben, die ich brauchte. Im Nu hatte ich meine Sachen an und saß im Jeep.

Später auf dem Hochsitz, die endlich wieder geschenkte Stunde des Alleinseins, ich genoss sie in vollen Zügen! –

Ich brauchte Ablenkung und stürzte mich in meine Arbeit, den anderen Teil hatten zunächst die Rechtsanwälte zu klären.

Vor zwei Jahren hatte ich, durch Anpachtung einer weiteren Grundfläche von der HAFAG, auf diesem Gelände die erste richtige Produktionshalle (5) gebaut. Sie war inzwischen mit Bohrwerken, Drehbänken und Hobelmaschinen bestückt, der Verkauf und die Produktion wuchs.

Im Kopf hatte ich lange einen neuen Plan. Im rechten Winkel zur Halle 5, bis zum Rande des Vinckekanals, wäre eine neue Halle (6) zweckmäßig und verlockend. Dies wäre aber dann eine Grenzbebauung und teilweise Überbauung eines Geländes der Schifffahrtsfirma Harpen Aktiengesellschaft. Warum aber dann nicht das gesamte, wohl mit Aufbauten, aber nicht voll genutzte Gelände kaufen?

Wie immer, wenn ich mich irgendwo festgebissen hatte, blieb ich auch am Ball. Die ersten Gespräche über den Ankauf von 3700 Quadratmetern mit Herrn Dir. Hans Olk der Harpen AG waren noch etwas von Nervösität geprägt, führten aber letztlich zum Erfolg und langjährigem guten Kontakt.

Zum erstenmal war ein Teil des RIW-Betriebsgeländes nicht mehr gepachtet, sondern Eigentum. –

Wie es auf dem anderen Problemfeld weitergehen sollte, wo ein Teil meines Geldes in Zukunft sein würde, stand in den Sternen. Weihnachten lag vor der Tür. Ich hätte die Tage nicht zu Hause verbringen können. So schlug ich im November den Kindern vor, wir fliegen nach Kenia!

„Im November nach Kenia, Sie belieben zu scherzen", sagte der Reisevermittler, „alles ausgebucht. Aber ich könnte ihnen ein sehr nettes Hotel in Florida anbieten. Hotel Thunderbird in Miami, etwas für Ihre Kinder, etwas für den Vater."

Es war nicht die Zeit, lange zu überlegen – ich buchte.

Im Rückblick erscheinen mir doch jetzt zwei Dinge eine seltsame Fügung gewesen zu sein.

Wenige Tage, vielleicht zwei Wochen vorher, fand ich bei einem Waldspaziergang, unter tiefem Laub, ein Hufeisen! Nie im Leben ist mir so etwas passiert. Das verrostete Eisen ließ ich verchromen, und es hängt an der Wand.

Eine junge Frau aus Montreal, Canada, hatte mit ihrer Freundin für wenige Tage das Hotel Thunderbird gebucht!

Nach langem Flug landeten wir völlig übermüdet auf dem Flugplatz Fort Lauderdale. Das Hotel war sehr passabel und gefiel den Kindern und mir. Die unmittelbare Verbindung zum Meer war traumhaft.

Am zweiten Abend saß ich an der großen Hotelbar, und die Kinder spielten mit anderen in der Hotelhalle. Die Bartheke lag, fast in einem Halbkreis, in der direkten Verbindung zum Speisesaal. Ich saß an einem der Halbkreisenden und hatte alles im Auge.

Plötzlich ein Gefühl, als wenn das Licht heller schien. Zwei hübsche Frauen, eine blond, erschienen in der Mitte des Halbkreises. Die dortigen Männer boten bereitwillig ihre Barhocker an.

Mir gefiel sofort das charmante, blonde Mädchen mit dem schönen Mund und den wohlgeformten Lippen, ich hätte sie am liebsten direkt geküsst. Ich hatte das Gefühl, nie so schön, wie in diesem Augenblick, eine Frau gesehen zu haben. Sie wirkte natürlich, ihre Haltung richtete sie auf, und ihre blauen Augen belebten sich zu einem einmaligen Feuer.

Später auf dem Weg zum Restaurant kam ich an ihrem Tisch vorbei, ich grüßte sehr höflich und wünschte Guten Appetit.

Meine Nacht war sehr unruhig, immer mit der Sorge behaftet: siehst du „Sie" auch morgen wieder.....

Die Kinder waren ebenso von Lisa begeistert. Wir besuchten uns im folgenden Jahr gegenseitig. Mit einigen schönen Reisen zeigte ich ihr Deutschland.

Da wir beide schon in reiferen Jahren waren, schlug ich vor, 1 Jahr zusammen zu leben. Lisa brach ihre Zelte ab und kam nach Deutschland.
Heute sind wir 24 Jahre verheiratet.

So lange meine Lisa noch nicht bei uns war, wurde mein Haushalt weiterhin vorbildlich von Marliese Hesse, verheiratet, eine Tochter, geführt. Sie hatte die ganze Entwicklung nicht verstanden und viel mit den Kindern geweint.

Obwohl Lisa fast kein Wort Deutsch verstand und Marliese kein Englisch, hatten beide keine Schwierigkeiten. Gegenseitig zeigten sie sich, wie in der Heimat gekocht wurde, gingen zusammen einkaufen etc.

Unsere „Probezeit" ging sehr schnell vorbei, und wir planten, bei einem großen internationalen Freundeskreis, eine große Hochzeit. Fast zweihundert Gäste gaben sich die Ehre – es wurde eine rauschende Ballnacht.

Als wir gegen Morgen nach Hause kamen, hatte Marliese die Treppe zu den „Schlafgemächern", das Bett, die Fenster so schön mit Rosen und Schleifen geschmückt, dass uns vor lauter Glück die Tränen kamen.

Für „Alle", besonders aber für die Kinder, begann wieder ein neues Leben. Ordnung, Liebe, Aufbau waren das Konzept. Auch entstand ein freundschaftliches Verhältnis zwischen meiner Frau und Marliese.

Sicher gestatten Sie mir die Abschweifung, wenn Sie hören, dass bei einer nachgeholten Hochzeitsreise für Tochter und Schwiegersohn nach Rom alle, einschließlich Frau Hesse und ihrem Mann, bei einem fürchterlichen Unfall – „Geisterfahrer bei dichtem Nebel auf der Autobahn" – ums Leben kamen. Wir werden sie immer im Gedächtnis behalten. –

Unsere Hochzeit war am 6. Oktober 1981.

Lange hatte ich an einer Jagdexpedition in den Himalaja gearbeitet und geplant. 26 Sherpa waren die Träger einer Mannschaft, welche mir bei der Jagd auf Bharal oder Blauschaf, helfen wollten.

Am 16. Oktober ging das Flugzeug auf die Reise nach Kathmandu.
Viele haben es nicht glauben können!
Aber meine Frau hatte Verständnis!

In dieser Zeit gab es kein „handy", in den Bergen des Dhaulagiri Himal kein Funkgerät.
Für meine Lisa eine harte Zeit, aber auch eine übergroße Freude, als wir nach einem Monat wieder zusammen waren.

Mein Jagdhaus im Westerwald

Kapitel 15

Herausforderung Himalaja

Es gehört zu meinem Leben und hat hohen Stellenwert. Gehen Sie daher mit mir in die höchsten Berge der Welt, auf die Jagd nach dem seltenen Blauschaf, in den Himalaja.

...........nach langem Flug betrete ich zum ersten mal indischen Boden. Der Flughafen Dehli enttäuschte mich sehr. Schmutz, unzumutbare Toiletten, genaue und langwierige Kontrollen. Der vorgesehene Aufenthalt von 5 Stunden war genau die Zeit, die ich für das Umsteigen in eine Boeing 737 der Indian Airways brauchte.

Die schwüle Wärme und der bedeckte Himmel blieben schnell hinter uns. Kathmandu, die Hauptstadt Nepals, strahlte in frühlingshaftem Sonnenschein. Bei der Passkontrolle hatte ich den ersten Kontakt mit meinem Jagdführer Shanti Basnyat. Er strahlte Ruhe und Vertrauen aus und wurde auch bevorzugt behandelt. Aber auch hier Schwierigkeiten bei der Einfuhr meiner Waffe und Munition. Die Beamten kannten kein Pardon. Gegen Quittung kamen Waffe und Munition unter Verschluss... Morgen mit neuen Bildern, neuen Papieren vielleicht.... Auf dem Weg zum Landrover sah ich die ersten „heiligen Kühe". Mitten im Verkehr waren sie sich durch nichts aus der Ruhe zu bringen. Rikschas, effektvoll bemalt, Tempel, Pagoden etc. es gab genug zu sehen.

Der Neuankömmling wird sich zuerst von der eigenartigen Mischung zwischen oberflächlicher Freundlichkeit und spürbarer Gefühlskälte eigentümlich berührt finden.

Man grüßt und wird gegrüßt mit dem Sherpa-Wort „Namasde" – die Lotusblume soll deine Wege begleiten.

Vielleicht, um den Leser nicht zu strapazieren, überspringe ich etwa 10 Seiten dieser Geschichte aus meinem Buch „Weltweit – die Passion mich trieb".

...... Vom Tal konnten wir in der Ferne eine schneebedeckte Hügelkette sehen. „Da müssen wir drüber", sagte Shanti. „Wie hoch?" war meine sofortige Frage. „Etwas mehr als 4000 Meter", gab er zur Antwort. Nun wusste ich Bescheid.

Recht mutig zunächst, schritt ich in den Fußstapfen meiner Begleiter, 25 Sherpa mit jeweils bis zu 30 kg Gepäck. Der Boden war vom vielen Regen der letzten Nacht aufgeweicht, der leicht erkennbare Pfad war stellenweise ein Bach. Mir fiel das Steigen schon bald schwer, aber ich riss mich zusammen, wollte ich doch nicht in den ersten Stunden schon Schwäche zeigen. Ab und zu überholten wir eine Gruppe rastender Sherpa, welche uns dann später wieder überholten.

Immer an den Hängen reißender Wildbäche entlang schlängelte sich unsere Gruppe. Die hier überall wachsenden Rhododendren bildeten wahre Haine. Ich konnte Stämme sehen, die es leicht mit einer starken Buche aufnahmen. Wie herrlich müssen diese Berghänge im April bei der Blüte aussehen.

Der Sherpa vor mir, er trug meine Waffe, passte sich meiner Gangart an und blieb folglich auch immer sofort stehen, wenn ich eine Verschnaufpause einlegte. Die kamen bei den Steigungen in regelmäßigen Abständen, wenn mein Herz stärker schlug.

Etwa um 6.30 Uhr waren wir losmarschiert, um 10 Uhr kam die große Pause. In einem wilden, steinigen Bachtal hatten die Träger schon etliche Feuer angezündet. Ich fiel todmüde auf die bereits ausgerollte Matratze.

Nach einem Lunch mit Suppe und Tee ging es weiter. Bald hatten wir die Schneegrenze erreicht, und ich dachte an die Sherpa mit den Sandalen. Wenn an einer Biegung mein Blick auf den schneebedeckten Kamm frei wurde, fragte ich mich manchmal, wirst du es schaffen? Aber war es nicht erst der Anfang?

Die Pausen zwischen den immer kürzer werdenden Strecken wurden immer länger. Ich konzentrierte mich jetzt vollkommen auf die Passhöhe. Schon lange hatten wir die Baumgrenze überschritten, wir wateten im Schnee, und stellenweise sank ich bis zu den Knien ein, Dann sah ich den Gipfel der Passhöhe mit dem Steinhaufen vor mir, das gab neue Kraft. 4300 Meter waren erreicht, und der Ausblick bei strahlender Sonne war einfach überwältigend. Im Moment waren alle Strapazen vergessen.

Vor mir lag die ganze Kette des Dhaulagiri Himal, überragt von den Spitzen des Putha Hiunchuli (7239 Meter), des Churen Himal (7363 Meter) und des Dhaulagiri mit 8172 Metern, den Reinhold Messner 1977 von der Südwand her bestiegen hatte.

Zwei gewaltige Bergzüge trennten uns nur noch von dem Revier der Blauschafe, sagte Gyalchan, der Erste Jäger! Ich ahnte, dass mir noch viel bevorstehen würde. Doch zunächst sehnte ich mich nach Camp 2, aber es sollte noch vier Stunden dauern, bis wir es erreichten. Weite Schneehänge wurden durchquert, wobei mir die ausgetretenen Pfade der Sherpa sehr nützlich waren. Ohne Brille und Kopfbedeckung ging es jetzt gar nicht mehr; der Schnee blendete zu stark. Zum erstenmal in meinem Leben hatte die Sonne meine Hände total verbrannt.

Am Morgen hatte ich mich über den Sherpa mit den Sandalen noch gewundert, aber jetzt kam uns ein ärmlich gekleideter Bergbauer sogar mit nackten Füßen durch den Schnee entgegen, die Hände zum Gruß gefaltet erhoben – Namasde, und er zog weiter.

Bei uns ging es jetzt ständig bergab, die unter Qualen gewonnenen Höhen wieder hinter uns lassend. Beim Aufstieg hatten mir der Pulsschlag Schwierigkeiten gemacht, jetzt waren es die Knie. Besonders das linke machte mir sehr zu schaffen. Es dämmerte, als wir das bereits von den Sherpa aufgebaute Lager am Fluss Thankur erreichten.

Nur schlafen war mein einziger Gedanke; Ich wechselte nur meine durchgeschwitzten Kleider, zog die total durchnässten Schuhe aus und kroch in den Schlafsack. Erst später, als Shanti mich zum Essen an das wärmende Feuer holte, erfuhr ich, dass wir ca. 1500 Meter abgestiegen waren. Zum Essen gab es übrigens meistens recht schmackhafte Gemüse-

Reisgerichte, auf Porzellan serviert. Sauberkeitsfanatiker durfte man allerdings nicht sein, wenn man beim Kochen und Spülen zuschaute. Spät in der Nacht massierte ich noch mein Knie mit Japanöl, welches ich immer mitführe.

Als ich geweckt wurde, hätte ich gerne noch einige Stunden geschlafen, aber Gyalchan drängte zu Aufbruch. Zum Waschen hatte man mir warmes Wasser vors Zelt gestellt. Das war sehr angenehm, aber ich dachte mit Unbehagen an meine kalten, von innen noch nicht trockenen Schuhe und rieb sie, besonders an den Nähten, mit viel Fett ein. Anschließend ging ich ans Feuer, um zu frühstücken.

Es mag gegen 8 Uhr gewesen sein, als wir bei gutem Wetter aufbrachen. Langsam setzte ich meine Gehwerkzeuge wieder in Bewegung. Bergab hieß die Devise.

Der „Weg" führte stellenweise so nahe am Hang, neben einem breiten Bach, vorbei, dass man schon schwindelfrei sein musste. Umgestürzte, wahre Baumriesen mussten in einem urwaldähnlichem Gebiet überstiegen werden. Der Wald war voller Windbrüche, die Wurzelteller der im Hang umgestürzten Bäume waren sehr flach und besaßen ein dichtes Wurzelnetz, welches knapp unter der Oberfläche des jetzt teilweise gefrorenen Bodens wuchs. Die umherliegenden Stämme zeigten alle Stadien der Vermoderung, und große, von schwarzen und grünen Flechten überwucherte Steine lagen überall. Zwischen den ausladenden Stämmen der Rhododendren wuchsen große Farnkräuter, jetzt, Anfang November, nur noch braun gefärbt.

Es ging immer weiter abwärts. Nach dem Geräusch, das einer Brandung glich, vermutete ich, dass die Schlucht bald enger würde und dort ein Übergang kommen musste. – Dann kam er! Keine Hängebrücke, wie sie etwa in den Anden gebräuchlich sind, bestimmt aber genau so abenteuerlich. Etwa 15 Meter über dem zwischen den urigen Steinen schäumendem Wasser waren zwei starke Stämme über die Schlucht gelegt. Auf diesen Stämmen lag so allerlei Geäst, Sand und Steine. Folglich musste der Wasserspiegel manchmal diese Höhe erreicht haben.

Nach der „Brücke" ging es wieder aufwärts. In Serpentinen wand sich der Pfad nach oben, so weit das Auge reichte. Ein Gedanke ging mir nicht mehr aus dem Kopf – jeden Meter muss du auch wieder zurück!

Aufwärts, aufwärts. Die dünner werdende Luft machte mir zu schaffen. Jeder zu schnelle Schritt kostete mich ein langes, tiefes Atemholen. Längst hatte ich meine Feldflasche – Chiring trug sie für mich – mit dem ungesüßten Tee ausgetrunken. Die Flüssigkeit schoss durch meinen Körper und legte sich in Sekundenschnelle als kalter Dunstfilm auf meine Haut. Die Höhenluft mit ihrem geringen atmosphärischen Druck pumpt geradezu die Flüssigkeit aus dem Körper – gleich einer Dehydrierung.

Bis zur grossen Pause gegen 10 Uhr hatte ich mich einigermaßen gehalten. Dann, mit zunehmender Ermüdung, kam plötzlich die Gunst der Stunde. Etwa 5 km ging es nun in fast gleicher Höhe einen Kamm entlang. Meine Augen schweiften immer wieder zum Dhaulagiri-Massiv – da musst du hin, wenn du dein Blauschaf haben willst! Wenn ich gewusst hätte, was mir noch alles bevorstand, vielleicht hätte ich die Expedition abgebrochen.

In schöner Regelmäßigkeit ging es bald wieder bergab. Hier heizte nicht nur die Sonne den Körper auf, sondern mein linkes Knie brannte wie Feuer. Schließlich ging es nur noch unter

Zuhilfenahme eines Stockes weiter. Wir erreichten ein neues Tal am Wasser Seng Khola. Hier lebte eine kleine Menschengruppe. In den Hängen waren Terrassenfelder angelegt, und zwei Bergbauern bestellten ihr Feld wie vor zwei- oder dreitausend Jahren. Hinter zwei Ochsen oder Kühen wurde ein Balken mit einem senkrecht stehenden Querholz in den Boden gedrückt, indem ein anderer Bauer und sein vielleicht fünfjähriger Sohn sich in gebückter Haltung darauf stützten. Der andere Bauer hatte Mühe, die vor dem primitiven Holzpflug gespannten Tiere in dem Hang richtig zu halten.

Nur noch mit Mühe schleppte ich mich weiter. Wir kamen nahe an einigen Häusern vorbei, Steinbauten mit flachen Dächern, auf denen in der Sonne Getreide und Früchte trockneten. Die vielen Kinder, die davor herumliefen, waren in Lumpen gehüllt und sahen krank aus. Mein Fotoapparat war ständig in Aktion, und eine „Schöne“ konnte ich mit ihrem selbsthergestellten Schmuck in einer Nahaufnahme festhalten. Sogar ihren Namen ließ ich mir sagen: Rakumaya.

Die Ursache für den relativ mäßigen Bevölkerungszuwachs ist in der hohen Sterblichkeitsrate zu suchen. Sie bleibt nur noch durch die hohen Geburtsraten im Plus. Viele Söhne zu haben, ist für den Hindu wichtig, sie ist eine soziale Sicherheitsfunktion für die spätere Fürsorge bei Arbeitsunfähigkeit.

Die Gesamtbevölkerung Nepals liegt heute bei schätzungsweise 16 Millionen Menschen und die durchschnittliche Bevölkerungsdichte bei 95 Personen pro Quadratkilometer. Mehr als 65% sind Analphabeten.

Diese hier lebenden Menschen haben sicher noch kein Auto gesehen, aber sie werden deshalb nicht unglücklicher sein.

Unwillkürlich fällt mir ein Leserbrief aus einer Illustrierten ein: Reinhold Messner hatte einmal geschrieben: „Ich hatte dort Menschen getroffen, die seit zwanzig Jahren keinen Europäer mehr gesehen hatten“, worauf ein Leser schrieb: „Und ich habe in der Eifel Menschen kennen gelernt, welche seit Generationen keinen Tibeter gesehen haben!“

Fast im Tal, direkt gegenüber einer mehr als 1500 Meter hohen Felswand, erreichten wir das bereits aufgebaute Lager. Während ich den Pfad an der anderen Seite des Tales vor Augen hatte, massierte mir ein Sherpa eine besondere Paste in mein bereits geschwollenes linkes Knie. Dann wickelte ich mir noch meine elastische, immer griffbereite Binde darum und legte mich zu Ruhe.

Es war noch nicht fünf Uhr, als die Sonne verschwand und sofort eine merkliche Kühle einsetzte. Alle Fliegen und sonstigen tagsüber lästigen Insekten waren auf der Stelle verschwunden. Wenn man nicht in den Schlafsack wollte, zwang die Kälte einen zum wärmenden Feuer. Nach dem Abendessen beobachtete ich in der Einsamkeit noch ein schönes Naturschauspiel:

Die aufkommende nächtliche Szenerie hatte etwas Phantastisches, ja fast Unwirkliches. Der Mond, leicht umnebelt, glich einem trüben, rosafarbenen Flecken. Der Himmel ringsrum war von einem Graurosa überzogen, welches zu verlaufen schien. Es war, als lodere in der Ferne ein riesiges Feuer, welches seinen runden Widerschein ans Firmament warf. Außerhalb dieser rosafarbenen Rundung war es dunkle, schwarzblaue Nacht, man sah hier die flimmernden, zitternden Sterne.

Aus der Tiefe der Finsternis kamen plötzlich zwei Vögel, flogen durch das halbe Rund des Mondes, um wieder in das Dunkel der Nacht einzutauchen.

Mein linkes Knie machte mir immer mehr zu schaffen. Es war derart geschwollen, dass Shanti es einem der Sherpa zeigte, mit der Aufforderung, es zu behandeln. Und ich muss sagen, dass sich Wonko und Birnha in den nächsten Tagen immer wieder rührend darum kümmerten. Mit heißen Salzwasser-Umschlägen, mit dem Einmassieren einer speziellen Salbe bis zur gekonnten Massage. Überhaupt kann ich von den vier Wochen meines Zusammenlebens mit den Sherpa nur Positives berichten. Sie waren höflich, zurückhaltend, jederzeit hilfsbereit und ehrlich.

Die Sherpa sind international wohl die bekannteste nepalesische Volksgruppe und haben sich durch ihre Zuverlässigkeit als Bergführer und Träger bei vielen Himalajaexpeditionen einen Namen gemacht. Die ersten sollen vor ca. 600 Jahren aus Tibet eingewandert sein, sie zählen heute über 20 000 Menschen. Sie leben hauptsächlich südwestlich des Mount Everest. Meine Sherpa der Jagdgruppe kamen alle aus dem Ort Lukla, während einige Träger, wie bereits erwähnt, aus Dhorpatan kamen.

Sicher haben sich die Bewohner der leichter zugänglichen Ansiedlungen sich mit anderen Volksgruppen vermischt, aber die meisten Sherpa sind in Lebensweise, Sprache und Religion rein tibetanisch geblieben. Sie sind ein lebensbejahendes Volk, singen und tanzen gerne und haben eine leichtere Moral. Das Volk der Sherpa, der „Menschen aus dem Osten“ – wobei „Sher“ für Mensch und „Pa“ für Osten steht – lebt in kleinen Bergdörfern, deren Zugangspfade durch viele, von hohen Stangen wehende bunte Tücher gekennzeichnet sind. Diese buddhistischen Gebetsfahnen findet man auch vor ihren niedrigen Häusern, deren Holzdächer durch Steine beschwert sind. Ihre traditionellen Einkommensquellen sind der Ackerbau, die Yakzucht und der Karawanenhandel.

Neben den Sherpa hat sich eine andere Volksgruppe der Nepalesen einen internationalen Ruf erworben, die Gurkhas. Durch ihre Anpassungsfähigkeit, Härte und Tapferkeit werden sie als Soldaten sehr geschätzt.

Zu erwähnen wären noch einige der vielen Stämme der Tamangr, Magars, Gurungs, Rai, Limbu Bhotivas, Thakali u.v.a.m. Alle diese Stämme haben örtliche Dialekte, und eine Verständigung zwischen den einzelnen Angehörigen ist sehr schwierig. Letztlich lässt sich die Zugehörigkeit zu zwei großen Sprachfamilien unterscheiden, zur tibeto-birmanischen vor allem im Norden und zur indo-germanischen im Süden. Die Schrift hat nichts mit unserem Alphabet zu tun, sondern stammt aus dem Sanskrit. Hätte ich also nicht Shanti mit seinen englischen Kenntnissen, würde es manchmal kritisch. Die beiden Jäger Gyalchan und Chiring sprechen allerdings auch einige Worte englisch.

Trotz schmerzenden Knies und einer inzwischen eingetretenen Entzündung meiner Oberlippe ging es am nächsten Morgen weiter zum Jagd-Basiscamp. Man versprach mir dort einen Ruhetag. Stark bandagiert und unter Zuhilfenahme des Stocks ging es zunächst bis zu einer gewaltigen Schlucht, wieder über eine abenteuerliche Brücke und dann aufwärts.

Es mochten ca. 1800 Meter Höhenunterschied sein, für die ich fast drei Stunden, teilweise unter Benutzung meiner Hände, brauchte. Wir, das waren die beiden Jäger, Shanti, ein Sherpa und ich – die anderen waren längst weit voraus - , passierten dabei noch einmal ein kleines Dorf (4 Häuser). Alle Bewohner saßen um diese Zeit auf ihren Flachdächern und betrachteten das für sie sicher nicht alltägliche Schauspiel. Ich legte zum Zeichen der Begrüßung meine Handflächen in Höhe des Mundes flach zusammen und verbeugte mich leicht. Einige erwiderten den Gruß. – Für Fotos brauchte man hier noch nicht zu zahlen!

Weiter ging es unter sengender Sonne, Schritt für Schritt, dem nächsten Kamm zu, und ich glaubte schon wegen meines Knies aufgeben zu müssen. Ich musste alle Willenskraft zusammennehmen, und irgendwie hatte ich auch das Gefühl, dass die großartige Natur, der Einblick in die vor mir liegenden Schluchten und tief eingeschnittenen Täler, mit dem Hintergrund des Dhaulagiri-Massivs, mir neue Kraft gab.

Ein Schweizer und guter Kletterer sagte mir einmal: „Als ehemaliger Bergsteiger glaubte ich, Berge gewohnt zu sein, doch als ich nach einer Woche Himalaja von meinem letzten Lager in über 4000 Meter Höhe zurückkehrte, wusste ich, wie voreilig mein optimistisches Selbstbewusstsein gewesen war".

Um wie viel mehr mussten die Anforderungen, welche das extreme Gebirgsgelände und die Höhe stellten, mich überbeanspruchen. Ich bin zwar durchaus nicht unsportlich, aber für die hiesigen Verhältnisse war mein Training unzureichend.

In ähnlicher Weise musste Marco Polo 1271 die Strapazen meistern, als er mit seinem Vater über den westlichen Himalaja zog. Was hatte ich für Vorteile ihm gegenüber? Eigentlich nur die bessere Kleidung, einen wärmeren Schlafsack und ein windgeschützteres Zelt. In dieser unaufgeschlossenen Hochgebirgswildnis ist der Mensch auch heute noch auf seine körperliche Leistungsfähigkeit angewiesen und muss sich den Weg, wie vor Jahrhunderten, selbst erkämpfen.

Erst fast 700 Jahre nach Marco Polo erfuhren diese Wege des wirtschaftlichen Austausches auch in politisch-strategischer Hinsicht eine starke Bedeutung. 1933 hatte Sven Hedin, der große schwedische Asienforscher, für die chinesische Regierung Pläne zum Bau einer festen Autostraße entworfen. Einer französischen Gruppe gelang es zwar etwa zu gleichen Zeit, mit ungeheurem Aufwand Autos über den Karakorum und die 5000 Meter hohen Pässe des Pamir zu schaffen. Aber dies wurde nur als eine sportliche Leistung gesehen, ohne verkehrspolitische Bedeutung.

Der Plan, von Indien her einen Weg für den modernen Verkehr neu zu erschließen, wurde schließlich für undurchführbar erklärt. 30 Jahre später sah die Welt schon wieder anders aus. Mao Tsetung gelang es auf dem Höhepunkt des chinesischen Streites mit der Sowjetunion, das ehrgeizige Unternehmen in einem Teilprojekt zu realisieren. 1962 begannen die Chinesen mit dem noch für schwieriger gehaltenen Ausbau der Karawanenstraße zwischen Sinkiang über die pakistanische Grenze nach der nordkaschmirischen Stadt Gilgit.

Aus politischen Gründen ist eben vieles möglich, und prompt bauten die Inder parallel dazu die vornehmlich gegen China gerichtete 450 km lange Straße von Srinagar in Kaschmir über die schwierigen Pässe des westlichen Himalaja nach Ladakhin (Westtibet).

Für mich galt es jetzt, nicht zu verzagen – und mit welcher Strategie ich meine Gehwerkzeuge einsetzte, wie ich meine Kräfte rationell verteilte. Wieviel Mühe und Schmerzen mir bis zum Abend noch bevorstanden, war mir noch nicht klar, als wir die Feuer der Sherpa gegen 11.00 Uhr erreichten. Die nun bereiteten Mahlzeiten gaben ein Zeichen für zwei Stunden Ruhe.

Danach hieß es wieder abwärts. Ich schämte mich fast, denn wie ein alter Mann musste ich mir jetzt fast jeden Schritt ertasten. „Basiscamp" war ein Wort, auf das ich wie Balsam hoffte, ohne zu bedenken, dass es von da erst richtig losgehen sollte. Wir kamen in ein enges Tal, und fast erinnerte mich der Bewuchs an heimische Gefilde. Immergrüne Wälder mit Eichen, Ahorn und Kastanien, dazwischen Bambus, aber auch Kiefern und dann wieder höher die in der Blüte sicher herrlichen Rhododendren. Farne und auch die für die Herstellung des nepalesischen Papiers so bedeutenden Seidelbastarten in mannshohen Sträuchern lenkten mich etwas ab von meinen quälenden Schritten. Die Sonne verschwand für uns, und dann ging es in einer Klamm hoch, wie man sie in ihrer Ursprünglichkeit nur hier erleben kann.

Immer häufiger musste ich stehenbleiben und täuschte dabei so manche Aufnahme vor. Endlich, ich wagte es kaum zu glauben, sah ich in dem aufsteigenden Tal am Hang mein blaues Zelt. Auch qualmten schon einige Feuer. Das Basiscamp war erreicht. Höhe 3800 Meter. Total erschöpft fiel ich auf mein Lager. Morgen wollte ich mich nur meinem Knie widmen, ein bisschen schreiben und richtig ausruhen, nur an keine Kletterei denken.

Das Lagerleben und seine Routine waren mir nun zur Genüge bekannt. Für Pfadfinder mag das unter anderen Umständen eine romantische Angelegenheit sein, aber nach einigen Tagen oder gar Wochen zeigte es sich ziemlich gleichförmig. Man lebt buchstäblich mit der Natur, die auf- und untergehende Sonne bestimmt den Rhythmus des Tages. Nur gelegentlich verlängert sich der Tag im Licht von ein paar Kerzen oder einer Petroleumlampe. In der Regel liegt man fast zwölf Stunden – von Sonnenaufgang bis Sonnenuntergang – in den Schlafsäcken. Meistens wartet man aber nicht, bis die Sonne ihre Strahlen voll auf das Zeltdach wirft, und wagt es schon früher, aus den Schlafsäcken zu kriechen.

Gegen den Nachtfrost und die Bodenkälte schützt eine dünne Gummimatte, und im Schlafsack musste man sich meistens noch warm anziehen.

Der Ruhetag und die fürsorgliche Behandlung der Sherpa hatten mein Knie soweit wieder hergestellt, dass nun die Tage der Entscheidung beginnen konnten. Als ich im Zelt mit den Vorbereitungen für den weiteren Aufstieg begann, graute der Morgen erst schwach. Ein leises Rütteln der Zeltwände zeigte an, dass Wind aufkam.

Nach kräftigem Frühstück ging es mit stark verkleinerter Mannschaft – Shanti, Gyalchan, Chiring und zwei Trägern – los. Nur die nötigste Ausrüstung wurde mitgenommen.

Stunden um Stunden ging es wieder bergan; außer einem Adler und einigen Krähen war mir bisher nichts zu Gesicht gekommen. Ich nahm mir fest vor, den ersten, einigermaßen passenden Trophäenträger zu schießen, denn mehrere Tage hier oben würden für mich, im Hinblick auf meine körperliche Verfassung, zu viel sein.

Die wilden Schluchten mit den steilen Graten, jetzt vielfach mit Schnee bedeckt, aber auch die Höhen, waren Schwierigkeiten, wie ich sie nicht erwartet hatte. Dazu kam ein Gefühl großer Einsamkeit. Ich war mit Shanti und den Sherpa allein, und eine Verständigung ging nur über Shanti. Gyalchan und Chiring waren voraus, um die Lage zu erkunden.

Die hohen Berge schienen mich manchmal erdrücken zu wollen, und immer wieder musste ich mein ganze Willenskraft aufbieten. Hoffentlich blieb am Knie kein Schaden zurück.

Dhanyabad – Dank meinen Sherpa, ohne ihre Rücksichtnahme und Hilfestellung wäre ich sicher nicht soweit gekommen. Sicherlich wäre es schneller gegangen, wenn ich bergab nicht solche Schwierigkeiten gehabt hätte. Der Tag neigte sich langsam, und wir suchten einen passenden Lagerplatz. Das Einschlagen der kleinen Heringe in den gefrorenen Schnee machte keine Mühe, und wir waren froh, dass vor der hereinbrechenden Dunkelheit die kleinen Zelte standen. Zwei Sherpas hatten Holz gesammelt, und bald brannte ein wärmendes Feuer.

Bald waren auch Chiring und Gyalchan zurück, sie hatten gute Nachrichten, denn im Schnee hatten sie Spuren der Blauschafe gefunden. Nicht zu frisch, aber wir waren in ihrem Einzugsgebiet. Mein Herz klopfte!

Mein Zelt teilte ich, nach einem diesmal nicht so üppigen Mahl, mit Shanti. Es wurde eine unruhige Nacht, konnte ich doch das Gefühl nicht verdrängen, dass so oder so morgen die Entscheidung fallen würde.

Zum ersten Male hatte ich in der Nacht gefroren, wohl weil ich die verschwitzte Thermowäsche des Tages nicht gewechselt hatte.

Am Morgen überdeckte weißer Reif das Zeltdach und den Boden, aber unsere Zelte standen Gott sei Dank der Sonne aufgehenden Seite gegenüber. Wie wohltuend die wärmenden Strahlen empfunden werden, kann man erst in dieser Situation beurteilen. Meine Oberlippe war noch immer dick angeschwollen, ich vermutete, die Temperaturen wären die Ursache, Shanti meinte, es wären Insektenstiche, na ja.

Wir zogen los. Die aufgehende Sonne überzog die grandiosen Berge mit einer nicht zu schildernen Farbenpracht. Man war einfach überwältigt von der Natur, ein Anblick der Wirklichkeit. Nicht die letzte zwar, aber gewiss die letzte, die wir erkennen können. Sie ist schön und jungfräulich wie am ersten Tag, aber in ihrer weitgesteckten Zielsetzung unmenschlich hart. Aber in ihrer Schönheit offenbart sie sich in ihrer letzten Tiefe nur dem, der die Wirklichkeit hinter dem alltäglichen Falsch der Menschheit zu ertragen vermag.

Nicht der Spießbürger, nicht dem wirklichkeitsfremden Ästheten, nicht dem weichlichen Schwärmer, aber dem einfachen Menschen, der die Natur ehrt und achtet. Dem Jäger vor allem. Denn die Jagd ist ihrem Wesen nach ebenso naturhaft wie menschlich.

Gyalchan stieg wieder aufwärts. Die „Pfade“ wurden teilweise nicht mehr sichtbar, verliefen aber nahe am Abgrund. Einer der Jäger war jetzt immer an meiner Talseite. Die beiden Sherpa waren bei den Zelten zurückgeblieben, denn Gyalchan wollte unbedingt am Abend dorthin zurück, um nicht im Schnee ein neues Lager rüsten zu müssen.

Mein Knie schien besser zu werden, aber manchmal stieg ich schon wie im Nirwana, um mal einen landläufigen Ausdruck zu wählen. Mein Herz hatte bis jetzt durchgehalten, also würde in dieser Richtung alles in Ordnung sein. An den schnellen Pulsschlag hatte ich mich inzwischen gewöhnt.

Plötzlich, hoch im weiten Gegenhang – wir hatten gerade eine Nase umklettert – das erste Wild. Die Sherpa hatten Augen wie Luchse; bis ich es endlich ausmachen konnte, vergingen einige Minuten. Mit dem Glas sah ich schließlich meine ersten Bharale. Es zogen zwölf Widder und dazu noch weibliches Wild wie an einer Schnur in einer Entfernung von vielleicht tausend Meter im jenseitigen Hang. Die Farben der Felsen und die der Tiere schienen ineinander zu verschmelzen. „Der Wind ist günstig, und die Schafe kommen näher“, sagte Gyalchan und suchte gleichzeitig nach einer etwas gedeckteren Stelle.

Ich wusste nicht mehr, wie mir geschah. Plötzlich spürte ich wieder meinen rasenden Puls. Nur jetzt keinen Fehler machen. Ruhe bewahren ist das Wichtigste! Meine Hände waren steif gefroren, würde ich überhaupt den Finger krumm bekommen?

Immer wieder kamen uns die Tiere aus den Augen. Jetzt, wo wir standen, nahm die Kälte zu, und ich konnte mein Glas nicht stillhalten. Ich zitterte an allen Gliedern. Aufregung und Kälte hatten sich addiert.

Irgendeine Berggottheit hatte ein Einsehen mit dem Nimrod aus Germany. Tatsächlich waren die Blauschafe zu Tal gezogen und jetzt ungefähr auf unserer Höhe. Entfernung – mir wurde ganz übel – geschätzt 400 Meter. Dem Druck von Gyalchan und Chiring folgend und auch meinen Zustand berücksichtigend, entschied ich mich schließlich zum Schuss. Weich auf einem Rucksack aufgelegt, kamen erst wieder die zweifelnden Fragen hinsichtlich der Höhe des Haltepunktes. Ist die Entfernung richtig geschätzt? Wie ist der Einfluss der dünnen Luft? Etwa einen halben Wildkörper hielt ich dem vorausziehenden Bharal über den Widerrist. Laut hallte der Schuss, alle Tiere verhofften, nichts tat sich.

„Too high“, rief Gyalchan, „shoot again!“ Schon hatte ich repetiert und visierte erneut den immer noch verhoffenden Widder an. Etwas tiefer, stechen – und heraus war der Schuss.

Jetzt sprangen die Tiere alle auseinander, nur das beschossene Blauschaf tat sich im Schnee nieder. Wie ausgetrocknet kam ich mir vor, unfähig, eine Reaktion zu zeigen. Die Jäger blieben ebenfalls ruhig, schauten aber nicht unglücklich drein. Fast zehn Minuten tat sich gar nichts; alle anderen Blauschafe waren lange aus unserem Blickfeld.

Plötzlich neigte sich das Haupt, und der Widder legte sich zur Seite, ein Freudenschrei wollte über meine Lippen, aber es wurde nur ein Aufschrei. Der Widder, nun vollends des Lebens beraubt und vollständig ohne Widerstand, legte sich nicht nur zur Seite, sondern rutschte auch über eine Felskante und fiel fast senkrecht einige hundert Meter in die für uns nicht einsehbare Tiefe.

Glückselige Freude und todunglückliche Stimmung im selben Moment. Nur mit Mühe konnte ich meine Tränen unterdrücken, während Gyalchan und Chiring sich ganz munter verhielten. Es war der 8. November 1981, 10.15 Uhr, und etwa 0° Celsius. Die Gedanken, die einem in solchen Momente durch den Kopf gehen, sind so vielseitig, dass man Mühe hat, sie im nachhinein wieder zu geben. –

Schnell erfasste Gyalchan die Situation. Shanti sollte mit mir vorsichtig den Rückzug antreten, während er mit seinem Gefährten zu Tale steigen wollte. Auf dem Kamm eines von hier zu sehenden Bergrückens wollten wir uns treffen. Ein kurzer Blick noch – und wir waren alleine. Ich vor allen Dingen mit meinen Gedanken: Liegt der Widder zerschmettert auf der Talsohle? Hat er sich evtl. an einem Felsvorsprung verfangen? Finden die beiden ihn überhaupt – und wenn, was ist von der stolzen Trophäe noch übrig?

Meine Frau Lisa würde jetzt sagen: „Du musst nur glauben, warte!“ In solchen Momenten ist das immer sehr schwierig. Wieviel Strapazen und Qualen hatte ich bisher durchgemacht, doch alles nur mit dem einen Ziel, eine Trophäe des Blauschafes zu erbeuten. Hatte ich mir bei diesem Unternehmen vielleicht zuviel zugemutet? War das die Quittung?

In solchen Momenten kommen die verrücktesten Gedanken. Ich dachte tatsächlich, jetzt fehlte nur noch, dass wir den Weg verlieren und nicht zum Zelt finden würden. Ohne „Dach" und Schlafsack möchte ich hier oben keine Nacht verbringen. Mit diesen Überlegungen kam ich, auch in Anbetracht meiner vielen anderen Erlebnisse in ähnlichen Situationen, zu folgendem Schluss: Die Natur lässt letztlich immer den am Leben, der sich ihr ergibt. Ihm öffnet sie sich, lässt ihn ihre Schönheiten sehen und zeigt auch so manche Geheimnisse. Wer gegen sie ankämpfen muss und sie dabei besiegen will, der wird von ihr vielleicht vernichtet. Mit ihr leben, sie schützen und gleichzeitig von ihren großen Schätzen sich nur soviel nimmt, wie man braucht, führt letztlich zum Erfolg. Hatte ich mich so verhalten?

Mit diesen wirren Gedanken im Kopf stapfte und kletterte ich hinter Shanti her, der auch zum erstenmal im Dhaulagiri Distrikt war. Ab und an warf er ein paar beruhigende Worte hinter sich. Dann hatten wir den vereinbarten Platz erreicht und setzten uns erst mal in die wärmende Sonne. Mein Knie wurde immer besser.

Nach einer guten Stunde sahen wir unsere Freunde unterhalb unseres Platzes, im Gegenhang. Und – sie trugen mein Schaf, als hätten sie einen Sack zwischen sich. Der Hang war nicht so steil und leichter begehbar. Es schien, dass dieser Weg direkt aus dem Tal kam, in welches der Widder gestürzt war. Nun hatte der Wildbach sicher noch einige Biegungen gemacht. Nichts, nicht mal mein linkes Knie, konnte mich abhalten, den beiden so schnell als möglich entgegenzueilen.

Nicht mehr lange und ich hatte sie erreicht. Sie strahlten und lachten übers ganze Gesicht. In der Tat hatten sie allen Grund dazu.

Der total zerschmetterte Wildkörper trug ein nahezu unverletztes Haupt und die Trophäe keine größere Schramme. Sehr glücklich griff ich meinem Bharal in den Kopfschmuck und hatte alle Mühsal vergessen.

Das Bharal oder Blauschaf, Pseudois nayaur, ist eigentlich eine seltene Ziegenart und lebt nur in den höheren Regionen der Randgebirge Tibets, Kaschmirs und Westchinas. Der Name „Blue sheep" wird letztlich auf die Blaufärbung des ersten Winterkleides der Lämmer zurückzuführen sein.

Die Gefährten erzählten, nachdem ich sie herzlich in meine Arme genommen hatte: Der Wildkörper müsste mit dem hinteren Körperteil kurz vor einer Geröllhalde aufgeschlagen sein, denn dieser war sehr stark verletzt. Er war dann sicher sanfter weitergerutscht und schließlich an einer schattigen Stelle auf einem Schneefeld liegen geblieben.

Rasch wurden einige Aufnahmen gemacht, ehe Chiring mit der roten Arbeit begann. Haupt und die Decke bis zur Körpermitte, einige Stücke guten Fleisches, der umgestülpte Magen voller Fett, Herz und Leber, das war`s, was Chiring auf seine Schultern nahm.

Und dann ging es mit einem wahren Glücksgefühl Richtung Hochlager; hatte ich doch mein Ziel erreicht. Kein Gedanke mehr an mein Knie oder die geschwollene Oberlippe, jetzt galt nur noch eins, zum Camp. In bewährter Reihenfolge, vor mir Chiring mit der verschnürten

Trophäe, hinter mir Gyalchan, der immer sofort da war, wenn der Weg etwas schwieriger wurde, und zuletzt Shanti.

Wieder ging es über Geröllhänge, wo der Fuß kaum Halt fand. Teilweise war der Schnee fast zur Gänze verschwunden, da die Sonne, bei geschütztem Wind, noch viel Kraft hatte. Wir marschierten hangabwärts, und dann erkannte ich in der Ferne den Bergrücken, hinter welchem unsere Zelte standen. Es dauerte allerdings noch fast zwei Stunden, bis wir bei unseren wartenden Sherpa ankamen. Sie hatten Holz gesammelt, was hier oben gar nicht einfach ist, und ein kleines Feuer brannte. Der heiße Tee erreichte, so schien es mir, fast alle Glieder meines Körpers.

Viel Zeit blieb nicht mehr, bis wir nach dem kärglichen Mahl in die Schlafsäcke krochen. Neben Shanti liegend, der bald Bäume sägte, ließ ich den Tag Revue passieren. Fast ohne Hoffnung war ich heute morgen hinter den Gefährten auf abenteuerlichen Pfaden hergekraxelt und hatte im Stillen an unsere heimische Reviere gedacht, wo wir teilweise unsere Pirschpfade harken. Ich nahm mir fest vor, dies alles nicht mehr so selbstverständlich zu nehmen, sondern bewusster und dankbarer diese Annehmlichkeiten zu genießen. Ein weiterer Gedanke: Wie großartig und weitläufig war hier die Natur, wie viel Äsung wurde hier, im Vergleich zum Altai-Gebirge in der Mongolei geboten, und wie wenig Tiere hatte ich in den letzten Tagen gesehen. Eigentlich nur die Blauschafe von heute morgen. In unserem dichtbesiedelten, industrialisierten Land kann man doch im Endeffekt überall Wild sehen.

Shanti schob alles auf die häufige Wilderei und dass dadurch die Tiere sehr scheu wären. Doch ich war überglücklich, denn trotz aller Strapazen hatte ich meine Beute. Zwar war ich noch nicht zurück, konnte aber schon behaupten: solche „Arbeit" hat mir noch kein Wild gemacht. Selbst die Jagd auf das Dallschaf in den Bergen Alaskas oder das Argali und der sibirische Steinbock im mongolischen Altaigebirge waren leichter, obwohl auch kein Kinderspiel. Hier im Himalaja sollte man schon Bergsteiger sein oder wenigstens vor der Jagd ein ausreichendes Training absolviert haben.

In der Nacht rüttelte der Wind so heftig an unserem Zelt, dass ich schon dachte, wir würden gleich fortfliegen. Der Mond war voller geworden, und ein wolkenloser Himmel brachte hier oben entsprechend heftigere Winde.

Noch im Dunkeln schlüpften wir in die steifen Kleider – und schon ging es wieder bergab. Unser Hochlager war bei 4200 Metern, das Blauschaf war in ca. 5.500 Metern erlegt worden. Der Weg zum Basiscamp, 3800 Meter, wäre nun einfach bergab. Das wäre zu schön gewesen. Ein Berg musste noch umgangen werden, einmal 1000 Meter runter und auf der anderen Seite, dem Ziel entsprechend, wieder hoch. Heute muss ich mich tatsächlich fragen, wie hast du das eigentlich geschafft, ja wie eigentlich?

An anderer Stelle habe ich schon mal darauf hingewiesen, dass die Jagd Kräfte mobilisiert, an die man vorher selbst nicht glaubte; etwas zu erbeuten, ein bestimmtes Tier zu erlegen, ein bestimmtes Ziel vor Augen zu haben, ist der innere Ansporn, der alle Schwierigkeiten überwinden hilft.

Vor dem Basislager kamen uns schon einige Sherpa entgegen, lachten und freuten sich mit mir. Schnell stand mein Zelt, und noch vor dem Kaffee hatte ich meine feuchten, durchschwitzten Kleider gewechselt. Während einer der Sherpa sofort sich mein Knie anschaute, begann Chiring mit den Vorbereitungen zur Präparation. Die Decke des Bharals wurde fein säuberlich von den letzten Fleischresten gereinigt und danach stark gesalzen. Der Schädel kam in den großen Reistopf der Sherpa und wurde gekocht.

Ich konnte zwischenzeitlich meine Wunden pflegen. Das Knie wurde mit Japanöl behandelt und neu bandagiert. Shanti tupfte eine besondere Emulsion, angerieben mit einer Penicillintablette, auf meine Oberlippe, und schließlich gönnte ich meinen stark strapazierten Füßen ein Bad in der Waschschüssel.

Meine Schuhe würden sicher nicht noch einmal zwei Wochen halten, denn an dem linken lösten sich einige Nähte; trotzdem nahm ich eine sorgfältige Pflege vor. Dann hieß es nur noch essen und nichts wie in den Schlafsack. Morgen sollte es in aller Ruhe nach Dorpathan zurück gehen. Dafür waren vier bis fünf Tage vorgesehen. Shanti schickte einen Läufer voraus nach Dorpathan und weiter zur nächsten Polizeistation mit Funkkontakt. Er sollte den Hubschrauber für den 14. November anfordern. Diese Strecke legte der Sherpa in gut vier Tagen zurück, für mich hatte man für den etwas kürzeren Weg nach Dorpathan gleich die doppelte Zeit festgesetzt.

Schon um fünf Uhr hörte ich die Sherpa rumoren, die Zelte wurden abgebaut und die Lasten wieder gleichmäßig verteilt. Birtemar, der erste Sherpa, hatte seine Leute fest im Griff. Zum Frühstück bekam ich die frische Leber meines Blauschafes, sie schmeckte ausgezeichnet.

Und dann ging es wieder los. An einer Bergstrecke glaubte ich, in der Steinwüste Südamerikas, der Atacama, zu sein. Steine über Steine; man musste schon dann und wann stehen bleiben, sonst hätte man mit Sicherheit seine Füße in einer der zahllosen Spalten gebrochen.

Zur Mittagszeit – das war bei uns immer gegen 10 Uhr – machten wir Rast in der Nähe eines einsamen Bergbauern und seiner Familie. Ausschlaggebend war frisches Wasser, und man hatte hier seine eigene Quelle. Wie das Umfeld aussah, wie viel Kuhmist herumlag, störte den Kochtopf nicht, der daneben stand. Wie bereits gesagt, für Sauberkeitsfanatiker würde es Probleme gegeben haben.

Von der Familie, die in äußerst primitiven Verhältnisse lebte, konnte ich viele gute Bilder machen. Alle waren offenbar krank und hatten einen tiefsitzenden Husten. Der Vater musste schon länger verstorben sein, denn der ältere von drei Brüdern war unzweideutig das Oberhaupt. Geschickt schlug er mit einem Haumesser aus einem Baumstück einen neuen Pflug. Den Kindern liefen die Nasen, und sie lutschten die Bonbons, die ich ihnen gab, zwischen den Fingern. Freundlichkeit und Zufriedenheit mit ihrem Dasein schaut allen aus ihren Augen.

„Namasde“ – Auf Wiedersehen.

Die zweite Hälfte de Tages wurde wieder ein Härtetest für mein Knie. 2000 Meter sollte es an einem Stück abwärts gehen, natürlich über „Wege“, welche von Steinen übersät waren.

Schritt für Schritt, besser wäre Stufe für Stufe, gestützt auf einen Stock, war es für mich die reinste Tortur. Im unteren Drittel passierten wir das Dorf Yamkhar. Die wenigen Häuser waren nicht so primitiv, sie waren größer und mit flachen Dächern. Reichlich Kinder schauten mit staunenden Augen unserem vorbeiziehenden Trupp nach.

Shanti sagte mir, diese Bauern würden alle zur Kaste der Magar gehören und wären privilegiert, Angehörige als britische Soldaten zur Schlosswache zu senden. Das Dorf im Gegenhang – selbstverständlich ging es nach Überquerung eines wilden Gebirgsbaches auf der anderen Seite mal eben wieder 1500 Meter hoch, zum Ort Pelma. Hier waren die Einwohner vornehmlich Angehörige der Kaste Kami (Blacksmith), deren Tätigkeit neben der Landwirtschaft, meistens in der Herstellung von Dingen aus Eisen bestand.

Diese beiden Kasten sind wiederum nur zwei von vielen Untergruppierungen. Das von den Indern übernommene, äußerst komplizierte Kastensystem hat seinen Ursprung in grauer Vorzeit. Als die ersten Arier die Bewohner des Indu-Tales unterwarfen, stuften die hellhäutigen Eroberer die dunkelfarbigen Einheimischen in eine niedrigere Gesellschaftsordnung mit zahlreichen Untergruppen ein. Sie nannten dieses neue System Varna, das Sanskritwort für Kaste, gemeint war die Hautfarbe oder Teint. –

Diese System brachten die ersten indischen Einwanderer mit nach Nepal, und einige hundert Jahre später wurde es von König Jayasthiti Malla im Jahre 1395 zum erstenmal gesetzlich verankert.

Verstöße gegen den Rechtskodex der Kastenregelung wurde in bestimmten Fällen mit dem Tode oder auch Versklavung der ganzen Sippe bestraft.

Verstöße waren zum Beispiel: Der Beischlaf eines Mannes niedriger Herkunft mit einer Frau höheren Standes, das Schlachten und Essen einer heilige Kuh oder simple Fälle wie die Annahme von Reis vom Angehörigen einer bestimmten anderen Kaste, das gegenseitige Berühren zweier Personen unterschiedlicher Kasten, usw.

Mit der Verfassung von 1963 sind die Kastengesetze außer Kraft gesetzt, und jegliche Diskriminierung auf Grund von Kastenzugehörigkeit ist streng untersagt.-

Wir näherten uns dem vorgesehenen Lager. Von weitem sah ich schon den Rauch der Feuer. Die vorausgelaufenen Sherpa hatten schon die meisten Zelte aufgebaut. Warmer Tee wurde mir gereicht. Heute brauchte ich allerdings nichts Warmes. Der letzte Berg und danach sechs Kilometer bei strahlender Sonne bergab hatte keinen trockenen Faden an meinem Leib gelassen. Das neue Camp lag auf dem Sattel eines langgezogenen Bergrückens. Entspannung und Akklimatisierung war angesagt, wir wollten hier zweimal übernachten.

Zeit für mein Knie, Zeit zum Schreiben und ganz besonders Zeit zur Beobachtung:

Man stelle sich vor, auf verhältnismäßig engem Raum waren 29 Menschen an dem einzigen Bachlauf beschäftigt: mit Holz holen, Feuer machen, Reis lesen, Fleisch schneiden. Zusätzlich hatte jeder für sein persönliche Wohl zu sorgen. Da kümmerte es zum Beispiel Wonko nicht, wenn er spülte oder frisches Wasser holte, dass über ihm am Bach sich ein anderer wusch, ein weiterer seine Zähne putzte oder gründlich seine Nase schnäuzte. Daneben saß wieder einer in der Hocke und scheuerte die großen Kochtöpfe vom schwarzen Ruß. Gekocht wurde in zwei Partien. Einmal die Träger-Sherpa, und es war erstaunlich, was für Mengen an Reis diese zweimal am Tag verzehrten, dann von den Jäger-Sherpa mit Gehilfen, Koch und Shanti und zu guter Letzt für mich. Während mir immer auf Porzellan mit entsprechendem Besteck serviert wurde, aßen die Sherpa mit den zum Trichter geformten Fingern der rechten Hand direkt aus dem großen Topf. Die linke Hand gehört dort zum Reinigen der anderen Körperöffnung. Man wird daher auch auf den wenigen öffentlichen Toiletten diese Landes nie Papier, aber meistens Wasser finden.

Kalbfleisch aus der Dose mit reichlich Reis, dazu einen Obstsalat als Dessert, wie ich ihn auch im Hilton nicht besser bekommen hätte, stand heute auf dem Programm.

Am nächsten Morgen der Endspurt. Wir passierten wieder den „Urwald". Die gestürzten Baumriesen und die Steine waren fast ganz von grünem Moos bewachsen. Es war völlig still und schattig. Die Sonne hatte dem Reif noch nichts anhaben können, wie ausgestreute Perlen hing er jetzt als Tau an den Farnen, Gräsern und Sträuchern. Der weiche Waldboden roch herb, wie zu Hause, nach Pilzen, verfaultem Laub und den dürren Nadeln der Kiefern.

Bald ging es wieder stetig bergauf; wir erreichten die Lichtung des zweiten Camps, wollten aber noch bis auf etwa 1000 Meter unter die Passhöhe. Zeit hatten wir genug, so blieb ich auch wieder häufiger stehen, um meinen Pulsschlag zu beruhigen. Es wurde merklich kühler, und die umliegenden Bergspitzen hüllten sich in dunkle Wolken. Es sah nach neuem Schnee aus. Weit zurückgefallen mit den mir nicht von der Seite weichenden Sherpa Gyalchan und Chiring, sah ich endlich den kräuselnden Rauch der Lagerfeuer auf einem breiten Einschnitt des Berges. Zwischen den Wolken zeigte der Mond jetzt sein volles Gesicht. An dem aufkommenden Wind merkte man deutlich eine Wetteränderung. Ganz eng rückten wir am Feuer zusammen, denn es wurde kalt. Ich versuchte noch einige Aufnahmen bei offener Blende und kroch dann zeitig in meinen Schlafsack, die Kapuze übergezogen, nur ein kleines Loch zum Atmen offenlassend.

Der Wind wurde immer stärker, an einschlafen war nicht zu denken. Die Zeltwände flatterten wie Wimpel an einer Fahnenstange. Kalt lief es mir über den Rücken, als ein Schakal sein unbeschreibliches Geheul und Gewinsel dazu gab.

Wo wirst du gleich mit dem Zelt landen, die Stangen können nicht mehr lange dem Sturm widerstehen, dachte ich. – Aber sie hielten. Bereits um 5 Uhr hörte ich die Sherpa. Die Zelte wurden abgebrochen und das Feuer knackte. So schälte ich mich aus dem Daunenschlafsack und griff nach meinen Kleidern. Sie waren steif vom Frost. Etwas aufgewärmt in meinem Schlafsack, zog ich sie schließlich über. Beim Öffnen des Zeltes schlug mir eiskalter Wind entgegen, das Umfeld war weiß bis zum letzten Winkel. Trotzdem bekam ich, mit Pelzmütze und dicker Jacke sitzend, mein ordnungsgemäßes Frühstück.

Dann wurde die letzte Hürde angegangen, der Pass in 4200 Meter Höhe. Der Schnee knirschte bei jedem Schritt; wenn man den kaum sichtbaren Pfad verpasste, sank man bis zu den Knien ein. Meter und Meter kämpften wir uns voran. Schließlich waren die Wolken verschwunden, und der Anblick der Bergriesen bei strahlend blauem Himmel war grandios. Im Schnee fand ich immer wieder Spuren von Schakal und Pfeifhase, den man in etwa mit unserem Murmeltier vergleichen könnte. Meine Kräfte hatte ich wohl dosiert und blieb auch ungeniert stehen, wenn ich das Bedürfnis hatte. Gegen 9.00 Uhr war die Passhöhe zu sehen, was mich natürlich beflügelte. Ein letzter Rückblick aus dieser Höhe – dann sagte ich den, trotz aller Strapazen, liebgewonnenen Bergen des Dhaulagiri Himal, Namasde! –

Abwärts ging es jetzt nur noch, einem Gebirgsbach folgend, welcher durch weitere Zuläufe immer breiter wurde. Stellenweise konnten wir nur durch das Wasser weiterkommen, stellenweise mussten auch echte Klettereien in Kauf genommen werden. Immer wieder bewunderte ich dabei die Sherpa, wie sie mit ihren schweren Körben auf dem Rücken diese

Passagen meisterten. Nach einer Rast mit warmer Mahlzeit, sahen wir dann bald das große Tal, mit dem sich schlängelnden Fluss Utta Gangar und die verstreut liegenden Häuser von Dorpathan.

Es dauerte schließlich noch fast zwei Stunden, bis wir endlich wieder auf dem Hof des Bauern standen, der wohl mit Shanti eine Vereinbarung hatte.

In meinem Zelt fiel ich zunächst auf meine Matratze und hatte Zeit, ein Resümee über die bisherige Unternehmung zu ziehen. Alles in allem war es eine äußerst interessante Expedition, aber man sollte dafür die Kräfte bzw. Schulung eines Bergsteigers haben. Das Hochland des westlichen Himalajas mit seinen kargen, grandiosen, zugleich abweisenden und anziehenden Bergen ist sicher schon manchem Besucher zum Verhängnis geworden.

Nur im ruhigen „Tempo“ lässt sich die Schwelle des Sauerstoffmangels ohne physische und psychische Schäden über überwinden. –

Ich kam mir vor wie in Iquitos am Oberlauf des Amazonas. Seit drei Tagen warte ich nun schon auf mein Flugzeug. Es gab keine Verbindung zur Außenwelt. Zum nächsten Funkkontakt waren es vier Tagesmärsche. Ich war sozusagen am Ende der Welt zum Nichtstun verurteilt. Bereits nach einem Tag Muße war ich soweit fit, das ich ungeduldig wurde. Aber es hieß warten und nochmals warten.

Die paar Hütten kannte ich jetzt schon alle. Eine Bäuerin lud mich in ihre einfache, rußgeschwärzte Hütte, backte mir über dem Feuer ein Spiegelei und rollte schließlich einige Schmuckstücke aus einem Stück Sackleinwand. Zuerst dachte ich, sie wollte mir ihre Schätze zeigen, dann merkte ich jedoch, dass sie etwas verkaufen wollte. Wir feilschten mit halben und ganzen Fingern, bis ich ihr einen für die dortigen Verhältnisse schön eingefassten Türkisstein für 300 Rupien abkaufte.

Mit einem Lama unterhielt ich mich in Zeichensprache, interessiert schaute er auf die am Zelt liegende Waffe. Ich ließ ihn durchs Zielfernrohr schauen, unbeholfen hielt er die Büchse. Das hätte ein interessantes Foto gegeben! Als ich ihn darum bat, lehnte er ab. Ohne Waffe ließ er sich allerdings auf den Film bannen.

Eine alte, sehr runzelige Frau, sie hätte auch in Nevada sitzen und vom Stamme der Apachen sein können, spann Schafswolle. Die Spindel wurde in einer gebrochenen Tasse geführt, und geschickt drehte sie die lose Wolle zu einem starken Faden.

Die einzige „Industrie“ am Ort, war eine Teppichknüpferei. Zehn bis zwölf Mädchen saßen in einer primitiven Bude vor Webstühlen oder knüpften Teppiche nach Muster. Der Inhaber lud Shanti und mich zu einer Tasse Tee ein. Zum erstenmal trank ich Tibettee mit ranziger Butter, Salz und Milch. Er wird in einer Art Butterkanne geschlagen. Er war nicht unbedingt mein Geschmack, aber höflich trank ich zwei Tassen.

Warten, warten, die Sherpa spielten Karten, solange die Sonne schien. Am vierten Tag hörte ich die Sherpa jubeln. Sie hatten den Hubschrauber eher gesehen als gehört. Shanti rief laut: Micel, Micel!

Alles wirbelte auseinander wie in einem Ameisenhaufen. Ich hatte noch nicht gepackt, aber das ging schnell. Waffe, Trophäe, meine und Shantis Sachen wurden ergriffen, und ehe der große Hubschrauber der Royal Army landete, waren wir fertig.

Ausgerechnet Prinzessin Anne von England hatte ich diese Tage der „Ruhe und Entspannung“ zu verdanken. Sie war auf einem Staatsbesuch in Nepal, und selbstverständlich stand für sie ein Hubschrauber bereit. Der andere war „out of order“, und der dritte und letzte stand ja nicht nur für mich zur Verfügung.

Schneller als gedacht waren wir, Gyalchan, Chiring, der Koch, Shanti, Kishor und ich wieder in der Luft. Die Soldaten konnten uns nur nach Pokhara bringen und mussten dann weiter nach Westen.

Es war ein phantastischer Flug bei herrlichem Wetter entlang der höchsten Berge der Welt. Ich hatte die Kamera häufig am Auge. Dann kam der Mt. Annapurna und die Stadt Pokhara, mit einem großen See, in Sicht. Zum erstenmal sah ich wieder Autos. Aus der Luft gesehen ist es eine sehr schöne Stadt, welche die bessere Aussicht auf die Berge des Himalaja bietet als Kathmandu.

Auf dem Flugplatz standen zwei Maschinen. Eine der Thailand-Airways, sie schien zu warten, und die Privatmaschine der Queen of Great Britain, streng bewacht, Prinzessin Anne war also hier!

Auf dem Rollfeld wechselten wir, mit der Waffe unterm Arm, von dem Militärhubschrauber zur Verkehrsmaschine um. Es war ein reibungsloser Übergang, wie ich ihn mir wünschte. Ich verabschiedete mich noch von den Sherpa, denn diese machten von hier den Weg nach Kathmandu mit dem Bus.

Noch einmal der Flug entlang des gewaltigen Gebirges, bis zur Hauptstadt. Eine Nacht schlief ich noch in Kathmandu ....

Kathmandu, Nepal

Alte Frau
Dorpathan, Nepal

Noch hatten wir kein Blauschaf gesehen

Blauschaf, Nepal

Die Häuser waren gar nicht schlecht

Er baute einen neuen Pflug

Kapitel 15

Unser Traumhaus

Die Kraft für meine Arbeit schöpfte ich quasi direkt aus der Natur. Die Einsamkeit, die ausschließliche Verbindung mit Menschen anderer Nationalitäten, Lebensgewohnheiten und fremder Naturgebiete, war für mich die Quelle, um den Anforderungen gerecht zu werden.

Andererseits brauchte ich aber auch wieder diese Herausforderungen, um den zivilisierten Kampf bestehen zu können.

„Böse Zungen" behaupteten, jetzt baut er ein neues Haus, weil er seine Trophäen nicht mehr unterbringen kann.
Tatsächlich gab es einen anderen, tieferen Grund.

Die Verbindung mit meiner Frau Lisa war so glücklich und harmonisch, dass ich einfach Dinge in meinem Haus vergessen wollte. Meine Frau sollte auch ihre Träume verwirklichen, wir wollten unser Leben einfach in diesem Bereich harmonisieren.
Selbstverständlich passte dazu eine größere Trophäenhalle.
So fassten wir eines Samstags den Plan, ein neues Haus zu bauen.

Man soll das Eisen schmieden, solange es heiß ist!

Bereits am nächsten Tag traf ich Herrn Stender, einen alten Bekannten, welcher am Waldrand neu gebaut hatte.
„Wie lebt es sich denn im neuen Haus?"
Seine Aussage war positiv, und er freute sich, als ich ihm von meinem neuen Projekt erzählte.
„Wunderbar, das Geld muss rollen".
„Geld? Erst muss einmal ein Grundstück her!"
„Ein Grundstück? Rufen sie mal am Montag die Volksbank in Oberhausen an, die haben am Uhlenhorst ein großes Grundstück aus der Konkursmasse Stinnes".
Ich bedankte mich für die Information, aber der Uhlenhorst war ein Prominentenviertel, und vor meinen geistigen Auge rollten schon die Zahlen.

Montag, telefonisch erkundigte ich mich nach den Daten. – Größe 5.035 Quadratmeter, Preis 750.000 DM. Ein kurzer Traum, trotzdem verabredete ich mich mit dem Verkäufer.

Dienstag, Besichtigung, auf dem Grundstück starker Altbaumbestand und Bewuchs. Sehr schlechtes Wetter drückte zusätzlich die Stimmung. Im Auto meine direkte Frage, nun lassen sie mal die Katze aus dem Sack, wurde mit DM 600.000 beantwortet. Mit tiefernstem Gesicht war meine Antwort, zuviel, bei mir liegt die Grenze bei 500.000. – Das könnte nur der Vorstand entscheiden, er wollte am Mittwoch anrufen.

Mittwoch kam die Mitteilung, 550.000 wäre die absolute Grenze. Mit „gespieltem“ Schmerz stimmte ich schließlich zu.

Donnerstag, Vorbesprechung bei meinem Rechtsanwalt und Notar, Dr. Kleine.

Freitag – Vertragsunterzeichnung.

Das Grundstück war nicht als Bauland ausgewiesen. Die Zustimmung der Stadt lag nur in einem Brief des Oberbürgermeisters vor.
Fast zwei Jahre kämpfte ich, mit dem Beistand von zwei Rechtsanwälten, welche von der Bank bezahlt wurden, um die Baugenehmigung.
Im Vertrag war daher von mir ein Passus – wenn keine Baugenehmigung, Geld mit Zinsen zurück – aufgenommen.
Aber auch hier möchte ich die Fairness der Bank herausstellen, sie bezahlte mir, auch ohne zwingende Verpflichtung, eine größere Zinsentschädigung.

Letztlich lag der Kaufpreis bei DM 100,– pro Quadratmeter.

Mein Architekt Walter Grohmann konnte jetzt seine Vorentwürfe umsetzen. Von den Plänen und einem Modell her ein ansprechendes und attraktives Einfamilienhaus. 360 Quadratmeter Wohnfläche, ein Schwimmbad, eine große Eingangshalle, eine 8 Meter hohe Trophäenhalle sowie drei Garagen waren vorgesehen.

An der Umsetzung der mir vorschwebenden endgültigen Gartenanlage hatte ich zwei Jahre zu tun.

Großer Einsatz wurde bereits bei der Rodung verlangt. Mit meinen Kindern und anderer Hilfe arbeiteten wir tagelang. Große Fichten – 10 bis 15 Meter hoch, alte Birken mit 500 cm Durchmesser, aber auch Akazien und andere Bäume wurden „Opfer“ der Flammen. Die Größe des Grundstückes gab Sicherheit, von der Straße war kein Einblick, so brannte das Feuer auch immer noch am nächsten Tag.

Vielleicht hatte mal wieder jemand die Hand über uns gehalten. Denn durch den langen, zweijährigen Kampf um die Baugenehmigung konnten wir nicht sofort anfangen, hatten also Zeit, einen Teil der Grundstückskosten abzubauen.

Unser Einzug war im September 1987. Meinem Sohn Oliver übertrug ich mein altes Haus. Ihm waren jedoch nur wenige Wochen vergönnt, mit seiner Freundin dort zu leben, denn am 11. Januar 1988 wurde seinem Leben ein Ende gesetzt. –

Unsere Tochter Petra lebte noch ein gutes Jahr bei uns, bevor sie ihren Wohnsitz verlegte. Sie hatte einen Studienplatz in Marburg.

Ausschachtung

Unser Traumhaus wächst

Betonarbeiten

Richtfest

... noch ein Winter...

Fertig

Ein Teil unseres Gartens

Eingang zur Trophäenhalle

Kapitel 16

In der Hölle der Arktis

Die Sitze waren bequem in der DC 10 – 30. Neben mir saß meine Frau, und die Lufthansa brachte uns in ruhigem Flug von Europa nach Montreal.

Meine Gedanken beschäftigten sich begreiflicherweise mit den vor mir liegenden Ereignissen, denn ich hatte eine neue Herausforderung angenommen. Mit Eskimos wollte ich im arktischen Gebiet Canadas auf Eisbären jagen. Deshalb hatte ich mich eingehend über dieses Land, seine Bewohner sowie über die Verhältnisse, die mich dort erwarten würden, informiert.

Die Arktis – die nördliche Kappe unseres Erdballes – bekommt nur Teile von den belebenden Wohltaten der Sonnenstrahlen zu spüren. Denn auch in den Sommermonaten erhebt sich der Ball der Sonne nur wenig über den Horizont, und in den Wintermonaten bleibt er ganz darunter. Das ist eine Folge der Neigung der Erdachse zur Umlaufbahn um die Sonne. Demgemäß sind die Temperaturen niedrig und die Bedingungen für pflanzliches, tierisches und menschliches Leben, vom Polarkreis ausgehend, nach Norden zunehmend schwieriger. Zwar bringt der kurze arktische Sommer dort, wo die Bodenverhältnisse es zulassen, für wenige Wochen eine niedrige, aber eine vielfältige und farbenprächtige Vegetation hervor. Insgesamt gesehen ist die Natur – durch das harte Klima – abweisend und lebensfeindlich.

Umso mehr muss man sich wundern, dass ein Volk sich diese unwirtschaftlichen Landstriche als Lebensgebiet gewählt hat. Seine Kultur musste und hat sich in einer der rausten Umgebungen der Welt entwickelt, denn nur die großen Wüsten stellen eine solch lebensfeindliche Umgebung dar wie die Arktis.

Es sind die Eskimos, die sich selbst Inuit, d.h. in ihrer Sprache „Menschen“, nennen. Sie gehören der mongolischen Rasse an und sind, beginnend vor mehreren Jahrtausenden, in einigen Wellen aus Asien über das Eis der Beringstraße zum nordamerikanischen Festland gekommen. Hier besiedelten sie im wesentlichen die nördliche Region dieses Kontinents und einen Teil der vorgelagerten Inseln.

Die harten Zwänge der Natur und des Klimas, welche keinerlei Landwirtschaft zuließen, brachten es mit sich, dass sie nur die Lebensweise von Jägernomaden führen konnten. Sie mussten zwangsläufig so, wie es die Jahreszeit zuließ, ihren Beutetieren folgen. Wenn Tundra, Küste, Fjorde und Flüsse eisfrei waren, wurde durch Fischfang und Jagd auf Caribous, Robben und Wale die Nahrung nicht nur für den augenblicklichen Bedarf, sondern teilweise auch Vorräte für den langen Winter geschaffen, welcher oft schon im September mit barbarischer Kälte und schrecklichen Stürmen hereinbricht.

Wir können es uns kaum vorstellen, wie ein Volk unter diesen Verhältnissen überleben und dabei noch eine einzigartige Kultur entwickeln konnte. Denn es gab in diesem Gebiet so gut wie kein Holz und, bis die Weißen kamen, kein Metall. Alle Gegenstände des täglichen Gebrauchs, Kleidung, Waffen usw. mussten aus Teilen ihrer Beutetiere hergestellt werden. Aus Knochen, bevorzugt aus den Rippen der Wale, bestanden die Gerippe der Zelte und Boote, die außen mit Tierhäuten bespannt waren. Ebenso aus Fellen wurden Kleidung und Schuhwerk gefertigt, und das Nähgarn lieferten die Tiersehnen. Aus Häuten wurden Riemen geschnitten und aus Knochen, Geweihen, Zähnen sowie geeigneten scharfen Steinen, Werkzeuge und Waffen hergestellt. Hervorragendes Anpassungsvermögen und großer Erfindungsreichtum befähigten die Eskimos, diese Leistungen zu vollbringen.

Natürlich bewirkten die harten Lebensumstände auch harte Lebensauffassungen. Wer alt, schwach oder krank war, auf den Wanderungen nicht mehr konnte, also hinderlich oder belastend war, wurde entweder getötet oder zurückgelassen und damit dem sicheren Tode ausgesetzt. Dieser Brauch war aber bei vielen Nomadenvölkern zu finden.

Das erste Zusammentreffen mit Europäern dürfte um das Jahr 1000 n. Chr. stattgefunden haben. Als Wikinger, von Grönland kommend, sich im Osten des amerikanischen Kontinents, in Neufundland ansiedelten. Spätere Begegnungen mit Seefahrern und Robbenschlächtern im 18. und 19. Jahrhundert wirkten sich für die Inuit recht verhängnisvoll aus. Diese meist rohen und rücksichtslosen Abenteurer terrorisierten dank ihrer überlegenen Bewaffnung die Eingeborenen, nutzten sie aus und betrogen sie bei Tauschgeschäften. Vor allem brachten sie ihnen ansteckende Krankheiten und den Schnaps. Besonders durch diese Geißeln, die schon auf viele Naturvölker verheerend gewirkt haben, sank die Zahl der Eskimos so, dass man am Anfang des 19. Jahrhunderts ihr Aussterben befürchten musste. Inzwischen haben sich aber, durch die sehr fürsorgliche Gesetzgebung Canadas die Verhältnisse grundlegend geändert. Die Zahl der Eskimos nimmt heute wieder ständig zu. Sie haben sich weitgehend der Zivilisation angepasst, dadurch allerdings ihre Ursprünglichkeit zum großen Teil aufgegeben. Zweifellos leben sie jetzt besser und sorgloser als ihre Vorfahren; sie brauchen nicht mehr nomadisierend herumzuziehen, sondern wohnen in Ansiedlungen von Häusern, die vom canadischen Staat aufgestellt werden, besuchen Schulen und erlernen Berufe. Wohl sieht ein Teil der Bevölkerung den Nahrungserwerb auch heute noch in der Jagd und im Fischfang, aber man bedient sich dabei moderner Gerätschaften und Waffen.

Wichtig für mich war auch zu wissen, dass gerade die Eskimos die Motivation für das Jagen und Fischen besser verstehen als die nicht jagende Bevölkerung. Für den Eskimo gibt es Wild, um es zu jagen, und Fische, um sie zu fangen. –

Was die Wesensart der Eskimos angeht, so sind sie wie die meisten Asiaten ruhig, sprechen monoton und neigen nicht zu heftigen Gefühlsausbrüchen, sondern zeigen in allen Lebenslagen große Gelassenheit. Diese Eigenschaften waren wichtig für das enge Zusammenleben großer Familien auf kleinem Raum – ein Iglu ist nicht größer als eine Küche unserer modernen Wohnungen – während der langen Winterzeit; aber auch für die lebenswichtige Zusammenarbeit in gefährlichen Situationen, z.B. bei der Jagd auf Wale oder Eisbären.

Dass diese Gelassenheit nach unseren Begriffen manchmal allzu weit geht, so dass Zeit überhaupt keine Rolle mehr spielt, habe ich später zu meinem Leidwesen öfter erfahren müssen. Man muss allerdings zugeben, dass diese Praxis keine große Rolle spielt, weil zu meiner Zeit das Tageslicht sehr lange anhielt und man dann doch ein umfangreicheres

Programm bewältigen kann. Der Begriff Zeit sagt dem Eskimo einfach nicht viel. Auch längerfristig, also für die Zukunft planen, ist für ihn schwierig. Er lebt für heute; nimmt jeden Tag, wie er kommt.

Sicher ist jedenfalls, dass sie als altes Jägervolk mit scharfen Sinnen und gutem Instinkt für die Jagd begabt sind, und diese Eigenschaften mich, so hoffte ich, zum Erfolg führen.

Mit solchen Gedanken war ich noch beschäftigt, als wir Montreal erreichten. Dort musste ich mich von meiner Frau verabschieden, was mir nicht leicht fiel, denn ich wusste, dass ein anstrengendes und nicht ungefährliches Abenteuer bevorstand.

Das Programm meiner Frau war ausgefüllt mit Besuchen bei Verwandten und Freunden, sie war in ihrem Geburtsland.

Mein Ziel war zunächst Pond-Inlet, an der Nordspitze von Baffin Island, daher möchte ich kurz auf die Geschichte dieser fünfgrößten Insel der Welt eingehen.

Mit 560 000 Quadratkilometern steht sie im Rang nach Grönland, Neuguinea, Borneo und Madagaskar. Sie hat Platz, um ganz Italien, Griechenland, Österreich und die Schweiz darin unterzubringen. Aber sie wird nur von knapp 8000 Menschen bewohnt. Die meisten Europäer kennen von Baffin Island noch nicht einmal den Namen, obwohl diese große Insel schon vor 1000 Jahren von Wikingern entdeckt wurde. Rechnet man Baffin Island zu Amerika, was kaum zu bezweifeln ist, haben hier die ersten Besucher aus Europa die Neue Welt betreten.

Das „Helluland“ der Wikinger kann nur Baffinland gewesen sein. Ihre Sagen und Berichte erlauben keine andere Deutung, und die Insel liegt Grönland am nächsten. Hier trafen die nordischen Seefahrer schon im Jahre 982 ein, um dann ihre kühnen Seereisen bis zur Ostküste Canadas auszudehnen. Das war ein halbes Jahrtausend vor der berühmten Fahrt des Christoph Kolumbus.

Die ersten Exportartikel Amerikas kamen aus Baffin Island. Es waren schnelle Falken, die man an den Fürstenhöfen Europas zur Falkenbeize abrichtete. Sie wurden „Gerfalken“ genannt, erzielten wahrhaft königliche Preise und galten als die besten Jäger der Luft.

Bis zu den Arabern gelangten die kostbaren Jagdgehilfen aus „Baffinland“. In den Schriften der Araber werden sie als „edle Vögel“ der Falkeninsel des Eismeeres bezeichnet.

Aber auch Marco Polo spricht von Gerfalken, die man auf fernen Inseln des gefrorenen Ozeans in Schlingen fängt, um sie an weiße Seefahrer zu verkaufen.

Aber dann, gegen Ende des fünfzehnten Jahrhunderts, riss die Verbindung ab. Die einst blühende Kolonie der Wikinger auf Grönland ging zugrunde, vermutlich infolge der Einwanderung von Eskimos.

Es war der Seefahrer Martin Frobisher, der 1576 Baffin Island aufs neue entdeckte. Es kam zu heftigem Streit mit den Eskimos, so ist es auch zu begreifen, dass er die Polarmenschen als böse Barbaren schilderte.

Ihm folgte William Baffin, dessen Namen nun die Insel trägt. Er segelte entlang der Nordküste, entdeckte Devon Island, danach Ellesmere-Land. Er gelangte bis auf 77,5 Grad nördlicher Breite.

Erst 236 Jahre später wurde dieser Rekord überboten, als Captain John Russ 1818 noch ein Stück weiter in den Norden hinaufkam.

Was die frühen Entdecker im Eismeer geleistet haben, grenzt an ein Wunder. Ihre Schiffe waren oft nicht länger als zwölf bis fünfzehn Meter, bei drei bis fünf Metern Breite. Sie mussten die neun Monate des Winters irgendwo an Land verbringen, ohne ausreichendes Licht während der langen Polarnacht. Sie litten an Skorbut, an Gicht und Erfrierungen. Immer bestand die Gefahr, dass ihre Schiffe vom Eis zerdrückt wurden. Wenn das geschah, sah keiner die Heimat wieder.

Mit reichem Gewinn war nicht zu rechnen, nur mit dem bald vergessenen Ruhm, neue Durchfahrten entdeckt zu haben. –

Wenn William Baffin das Baffinland im Norden umsegeln konnte und bis weit über den 77. Breitengrad gelangte, spricht das für die Ansicht der Klimatologen, dass es dort oben bedeutend wärmer gewesen war als heute. Vielleicht auch eine Erklärung dafür, wie beispielsweise die Reste menschlicher Besiedlung an den nördlichen Fjorden von Grönland und Ellesmere-Island möglich waren. Diese Gegenden sind heute unbewohnbar, kein Eskimo lässt sich dort blicken. – Aber gerade in heutiger Zeit erleben wir doch wieder eine Phase der Temperatursteigungen, der großen Gletscherschmelzungen auf Grönland etc.....

Einige Probleme mit meiner Lizenz zum Abschuss eines Eisbären waren ausgeräumt, da meldeten sich gewaltige Eisstürme. Sie fesselten mich an mein kleines Hotel in Pond Inlet, zwei weitere Tage. Doch dann, wie meist nach heftigen Stürmen, war bei strahlender Sonne der Aufbruch. Elisah Kasarnak holte mich mit seinem Skidoo ab. Seesack und Waffenkoffer hatte ich zwischen den Beinen, als er mit mir auf waghalsigen Pisten durch den Ort zur Küste hinunter brauste. Und dann stand ich neben Schlitten, Hunden, Proviant und allem, was für unsere kleine Expedition nötig war. Jake, mein zweiter Begleiter, rollte gerade ein kleineres Fass mit Sprit für den Skidoo zurecht.

Die Hunde, noch an Ketten, im Eis an starken Pflöcken befestigt, heulten wie Wölfe. Sie waren außer Rand und Band, da half auch keine Peitsche, um die Autorität wieder herzustellen. Unter den Hunden waren zum Teil wahre Prachtexemplare. Im Verlauf der nächsten Tage stellte ich fest, dass alle ihre ausgeprägten Eigenarten hatten. In einem Punkt stimmten sie aber überein – in ihrem Widerwillen vor dem Schlitten.

Es kostete daher Kraft und Arbeit, bis man die ungebärdige Gesellschaft endlich an den Leinen festgeschirrt hatte.

Unsere Sachen waren kunstvoll verpackt, mit Cariboufellen abgedeckt und an den Querspannten fest verzurrt. Mein Sitz war obenauf, die Beine hingen beiderseits herunter, und zunächst wirkte alles recht bequem.

„Gu, gu, Haui-i-i-i“ rief schließlich Jake, ließ seine Peitsche knallend durch die Luft sausen, und ab ging die Fahrt.

Bei strahlender Sonne hatten wir die Küste verlassen und entfernten uns nordöstlich. Der Skidoo von Elisah mit dem Proviant und Versorgungsschlitten folgte mit einigen Stunden Abstand. Die lange Peitsche ließ Jake neben dem Schlitten herschleifen.

Bei den Hunden schien sich ein bestimmter Trott einzubürgern. Aber nicht immer ging alles so glatt ab. Es brauchte einem Hundegehirn nur einmal aufzugehen, das sein Nebenhund sich lange nicht so kräftig ins Zeug legte wie er selber. Das verdient Strafe, dachte er, und schnell packte er den Sünder beim „Kragen“ und schüttelte ihn, je nach Temperament. Das wiederum war das Signal für einen wilden Kampf aller gegen alle. Wie auf Komando liefen und sprangen mit einem Male alle Hunde über- und untereinander und machten aus Geschirr und Leinen einen gordischen Knoten. Für eine Weile sah man nur noch ein wirres Knäuel zottiger, blutbefleckter Felle, weiße Reihen fletschender Zähne und dazwischen zahllose Hundepfoten, die will durcheinander wirbelten. –

Nicht immer war das Eis eben, in der Hauptsache glich es aufgewühlter See mit gewaltigen Eisbrüchen und Schneewehen. Von Zeit zu Zeit verfingen sich auch die Leinen der Hunde an diesen Eisschollen, und der Schlitten blieb ruckartig stehen. Jake lief bei schwieriger Eisfläche meist schon vorher neben dem Schlitten her, und ein kurzes Anziehen machte die Leinen wieder frei. Wie ein Fächer liefen die Hunde dann auseinander, und ab ging die Fahrt wieder. Gegen Mittag kamen wir in die Nähe der Küste von Bylot Island. Eine gewaltige Felsenlandschaft bietet sich hier dar. Die ganze Insel steht unter Naturschutz, weil viele Vögel hier ihr Brutgebiet haben. Ja sogar im tiefsten Winter sollen hier bestimmte Arten brüten.

Nach kurzer Pause mit heißem Tee ging die Fahrt weiter der Küste entlang, bis sich mehr und mehr die Konturen von Bylot Island im lichten Dunst verloren. Jake hielt jetzt aufs „offene“ Meer zu, und ich bekam gewaltige Eisberge zu sehen. Die Größe wirkte noch beeindruckender, wenn man bedachte, dass nur 1/8 eines Eisberges aus dem Wasser ragt.

Einmal drehte sich Jake auf dem Schlitten um und deutete aufgeregt auf meine linke Wange, sie wäre weiß und erfroren! Schnell massierte ich die bereits härtere Stelle mit etwas Schnee und legte anschließend, um sie zu erwärmen, die bloße Hand darauf. Musste aber bald erkennen, dass es ohne Handschuhe nur kurze Zeit möglich war. Sozusagen mit fliegendem Start erfolgte jetzt: linker Handschuh aus, massieren, Handschuh an, rechter Handschuh aus, massieren usw. Schließlich merkte ich, wie wieder Leben in die erfrorene Stelle kam.

Im gleichmäßigen Trab waren die Hunde nun Stunde um Stunde gelaufen. Das unterschiedliche „Werfen“ ihrer Hinterbeine erinnerte mich unwillkürlich an meine Freunde, wenn wir gemeinsam unsere Waldläufe machten. Ich beobachtete, wie einer mit der Pfote stets noch einen Schlenker machte, ein anderer die Läufe eng zusammenhielt ... man hat eben Zeit auf einem Schlitten, um über so manches nachzudenken.

Die Sonne wurde langsam milchiger und der Wind spürbar schärfer. Die Eisberge leuchteten auf einmal gespenstischer in der Ferne, und Jake wurde zunehmend unruhiger. Er schlug die Hunde öfter als sonst und trieb sie zur Eile an. Es blieb nicht aus, dass in diesem unebenen Gelände der Schlitten manchmal umschlug und wir in hohem Bogen im Schnee landeten. Mein Waffenkoffer natürlich auch. Das Zielfernrohr war aufgesetzt und die Waffe unterladen – hoffentlich nahm sie keinen Schaden.

Gegen 17.00 Uhr konnte ich mich gegen den scharfen Wind kaum noch schützen. Offenbar hatten auch die Eskimos genug, denn ich merkte, das Jake passenden Schnee für den Bau unseres Iglu suchte. Die Sonne war inzwischen ganz verschwunden, man konnte nur noch ahnen, wo sie stand. Der Wind trieb den Schnee wie feine Geschosse übers Eis. Ich musste daran denken, dass die Eskimos seit Jahrtausenden hier leben. Leben? – Es war ja heller Wahnsinn und für einen Menschen aus unseren Breitengraden fast unvorstellbar.

Endlich hatte Jake einen Platz gefunden, wo der Schnee die richtige Festigkeit hatte, denn dies ist die erste Vorbedingung bei dem Bau eines Iglu. Während nun der Wind immer stärker heulte und ich nicht mehr wagte, meine Hände aus den Handschuhen zu holen, um mir das viele Eis aus den Augenbrauen zu knibbeln, sägten meine beiden Inuits die ersten Schneeblöcke. Der weitere Verlauf ging mir leider durch Sturm und Dunkelheit in vielen Phasen verloren. Beim Versuch, mit der Pentax mit offener Blende zu fotografieren, ließ diese mich auch im Stich. Der Sturm wurde meiner Ansicht immer verrückter, und während die Hunde heulten und sich bissen, half ich meinen Begleitern, so gut es ging.

In Spiralform hatten sie die Blöcke, leicht nach innen geneigt, aneinander und übereinander gereiht und schließlich eine Kuppel gebildet. Bei diesem „sportlichen“ Abenteuer ging es mir bald nicht mehr ums Erleben, sondern ich dachte schon ans Überleben.

Felle und leichte Dinge wehte der Sturm weg, die Hunde deckte inzwischen dichter Schnee, und über uns war dunkle Nacht, als die beiden mit ihrem Bauwerk fertig waren. Die Spalten und Ritzen waren zwar noch nicht mit Schnee verfugt, aber die leuchtende Gaslampe schien dem Iglu eine einladende Wärme zu geben, welche einen im Moment die raue Wirklichkeit vergessen ließ.

Es verging trotzdem noch fast eine Stunde, bis wir alle drei den letzten Spalt abgedichtet hatten und ich auf dem Bauch durch den niedrigen Eingang kroch. Keiner bekam mich jetzt mehr heraus. Es wirkte direkt gemütlich, und gerne half ich beim „Einrichten“. Felle und Decken kamen auf den erhöhten Schlafteil, welcher 2/3 des etwa 3 Meter im Durchmesser großen Iglus ausmachte.

Bald waren alle Sachen, bis auf Ölkanister und Waffenkoffer im Inneren der Behausung. Das Heulen des Sturmes wurde schlagartig leiser, als Jake den Eingang mit einem Schneeblock dicht verschloss. Zuvor hatte er mit dem Beil von der steinhart gefrorenen Robbe den Hunden noch Teile abgeschlagen. Elisah half mir aus der Kleidung, denn alleine war es mir in der Enge nicht möglich, das vereiste Cariboufell über den Kopf zu ziehen. Auf engstem Raum war ich nun mit meinen Inuit beisammen. Teewasser kochte und Steaks brutzelten in der Pfanne – noch hatten wir Fleisch –, während Jake über Radiofunk die neuesten Wetter-nachrichten erkundete. Es sollte noch schlechter werden – doch im Moment kümmerte mich das nicht.

Der Spirituskocher und die Gaslampe brachten mit unserer Körpertemperatur den Iglu schnell auf einige Grad über Null. Es war fast 24.00 Uhr, und ich fühlte mich beim Verzehr meines starken Steaks recht wohl. Nur wenige Worte wurden in Englisch gewechselt, denn meist sprachen die beiden in ihrem Dialekt.

Für die Nacht wechselte ich meine gesamte Kleidung und nahm die Thermowäsche als Schlafanzug. In eine leere Spiritusdose wurde die kleine Notdurft verrichtet, und dann kroch ich in meinen Schlafsack. Draußen heulte der Sturm, doch ich schlief tief und fest.

Drei Tage waren nun vorbei. Meine ersten Gedanken beim Erwachen waren: wie ist es möglich, dass Menschen in dieser Umgebung leben, die, trotz aller Anpassung, eine ständige Gefahr für Gesundheit und Leben darstellt. Ich bin für kurze Zeit freiwillig hier, fand es aber unvorstellbar, ständig so zu leben. Danach machte sich ein menschliches Rühren bemerkbar. Jake zeigte auf die leere Dose, aber das konnte ich beim besten Willen nicht.

Schließlich schnitt er an der windabgewandten Seite ein kleines Loch in die Schneewand, um einen Blick nach draußen zu haben. Kopfschüttelnd drehte er sich mit den Worten um: „We must stay one day on this place, wheather is very bad!"

Das konnte ja heiter werden, aber zunächst musste ich mein dringendes Problem lösen. Ich zog mich also an, packte mir mit den Handschuhen einige Papierservietten und wartete, bis Jake den Eingang freigeschnitten hatte. Dick verschneite Hunde lagen direkt davor. Auf dem Bauch kroch ich hinaus und wurde vom Sturm wie von einer Faust in dieser Position gehalten. Jake verschloss sofort den Eingang. Ich richtete mich vorsichtig gegen den Wind in eine aufrechte Position. Das hatte ich wirklich noch nicht erlebt. Vor lauter Schnee konnte ich kaum was erkennen und suchte zunächst den Windschatten. Der war aber nur da, wo die Hunde lagen, vor dem Eingangsbereich. Es schneite waagerecht, stellte ich fest, aber auch lange Gedankensprüche verbesserten die Lage nicht. Ich musste meinen Po aus den Fellen schälen – bisher waren mir ja erst die Fingerspitzen erfroren – wer bloß das Toilettenpapier erfunden hatte – die Hunde waren die Nutznießer, sie klebten förmlich an mir – ohne Handschuhe ging es wirklich keine Minute ......Nach meinem lauten Rufen, öffnete sich der Iglu und Jake erschien mit der „Büchse" – aha! Nichts wie rein, und keiner bekam mich heute so schnell wieder raus.

Auch das Leben im Innern normalisierte sich. Durch unseren Atem, den Kochdunst und die Verbrennungsgase des Spirituskochers, hatte sich Kondenswasser gebildet, und die Schneeblöcke in der Kuppel unseres Iglus hatten sich vereist. Die Innentemperatur lag bei etwa plus 5° C, dadurch tropfte das Kondenswasser in Verbindung mit dem schmelzenden Eis immer häufiger. Das war nicht eben angenehm, wir versuchten mit Schnee oder Servietten das Gröbste aufzufangen. Von Zeit zu Zeit bildeten sich auch in den Fugen zwischen den Schneeblöcken kleine Löcher, welche der Sturm „genagt" hatte, sie mussten ständig angedichtet werden.

Draußen musste die Temperatur durch den starken Wind unter –50° C sein. Der Kühleffekt des Windes, Chill-Faktor genannt, erhöht die Abkühlwirkung tiefer Temperaturen beträchtlich und ist daher bei den Polarbewohnern sehr gefürchtet. Dieser Effekt lässt sich am besten an folgendem Beispiel erklären. Ist es sehr warm, empfindet der Mensch oder ein Tier es als angenehm, wenn ein Ventilator eingeschaltet wird und einen kühlen Luftstrom entsteht. Mit sinkender Temperatur kehrt sich dieses „angenehme Empfinden" in das Gegenteil um und wird ab einer bestimmten Schwelle im höchsten Grade unbehaglich. Schon bei Null Grad Celsius empfindet der Mensch einen kalten Wind als schneidend und unangenehm. Physikalisch ist dies nicht verwunderlich, da der kalte Wind die Körperwärme schneller ableitet. Man kühlt aus und friert. Fällt die Temperatur jetzt beträchtlich unter den Gefrierpunkt, kann diese Wärmeabfuhr derart rapide sein, dass der Betroffene in sehr kurzer Zeit in eine lebensbedrohliche Situation geraten kann, sofern er sich nicht richtig dagegen zu schützen weiß. Daher ist der Chill-Faktor in arktischen Regionen sehr gefürchtet.

Wir müssen den Männern, die sich der Erforschung der Polargebiete widmeten, wie Amundsen, Nansen, Scott u.a., aber auch den Seefahrern und Abenteurern, die diese Gebiete aus materiellen Gründen aufsuchten, größte Hochachtung zollen. Sie waren oft unzulänglich ausgerüstet, hier viele Monate – auch über den Winter. Groß ist die Zahl derjenigen, welche in der Arktis ihr Grab fanden.

Zurück zu unserem Iglu. Das Innere sah im Laufe des Tages aus wie ein „Schweinestall". Neben dem schmutzigen Geschirr, aus welchem immer wieder gegessen wurde, lagen wild verstreut: abgenagte Knochen, Teebeutel, Papier, Kippen, schmutzige Kleenex-Tücher, Kannen für Tee oder Spiritus, Pinkelbecher usw.

Ich hatte viel Zeit zum Schreiben, aber irgendwie war die Situation deprimierend. „Sleep as much as you can, you will need it", sagte Jake. Das ist die klare Eskimoeinstellung, ohne Gemütsbewegung immer nur das tun, was man gerade kann!

So werden Zwangspausen eingelegt, welche oft wetterbedingt sind, aber auch andererseits auch jagdliche Gründe haben können. Der Eskimo zeigt einen gewissen Fatalismus gegenüber der Jagd. Sollte in einem sonst bevorzugtem Gebiet während einiger Jagdtage kein Wild gesehen werden, zieht er es vor, eine Jagdpause einzulegen. Er glaubt, dass nach ein oder zwei Tagen des Wartens das Wild schon wieder erscheinen wird. Und er behält häufig recht.

Aus diesem Grunde zeigt der Eskimo eine unglaubliche Geduld. Wenn er etwas vor hat, kann er darüber die Zeit vergessen, auch wenn andere Interessen dadurch beeinträchtigt werden; denn „er" hat ja genug Zeit. –

Der Wind heulte um unseren Iglu, wie ein Orkan auf hoher See. Er fand im Sog der Wärme die kleinste Ritze und nagte daran ohne Unterlass. Immer häufiger musste ausgebessert werden. Gegen 14.00 Uhr mussten die beiden Inuit von außen die Fugen abdichten. Sie kletterten dabei auf den Iglu, der das ohne weiteres aushielt und keine Instabilität zeigte. Es war erstaunlich, wie fest der „Dom" aus Schnee geworden war.

Allein im Iglu wanderten meine Gedanken zu meiner Frau in Montreal, sie war bei ihrem Vater, von dort zu meinen Kindern nach dem fernen Deutschland. – Ich versuchte zu schlafen, während Jake und Elisah, wie ich aus den Geräuschen hörte, eine neue Igluhälfte an der Windseite unserer Behausung setzte.

Das kreisrunde Loch im Scheitel der Kuppel erregte meine Phantasie. So sieht die Robbe aus der Tiefe des Meeres ihr Luftloch, welches sie vom Eis immer freihält und benutzt. Vielleicht wird aber ihr Tun schon von einem Eisbär beobachtet, der nur auf das nächste Auftauchen wartet, um mit seiner Pranke zuzuschlagen.-

Auch die Fische suche Stellen auf, wo Licht in die Tiefe dringen kann. Und das wieder machen sich die Bewohner kalter Zonen zunutze, indem sie dort Angeln auslegen. Vorwiegend ist das bei den Eskimos die Aufgabe der Frauen. Warum?

Die Beteiligung der Wahinis (Frauen) an der Jagd verstieß von jeher gegen bestehende Tabus. Ausnahmen wurden schon eher beim Fischen geduldet. Sobald es die Witterung daher zuließ, wurde ein Loch in die Eisdecke geschlagen – oder man suchte ein Robbenloch.

Starr und regungslos, wie tibetanische Götzen, saßen nun die Eskimos am Rande eines Loches und ließen mit nie versiegender Ausdauer die Angelleine auf und ab tanzen. Die Eskimofischleine hat in der Regel vier Haken, an die jeweils ein Elfenbeinstückchen, dem man die Form eines kleinen Fischchens gegeben hatte, befestigt war. Um die Täuschung komplette zu machen, werden diesen künstlichen Fischen noch Augen aus schwarzen Muscheln, eingesetzt.

Zurück zu Wirklichkeit; meine Inuit waren inzwischen wieder im Iglu und gaben sich der Ruhe hin. Das Funkgerät lief jedoch den ganzen Tag. Was für mich nervtötend war, wurde für die beiden zur Unterhaltung. Sie hörten in ihrer Sprache die Funksprüche der anderen Eskimos mit. Vereinbarungsgemäß musste sich auch Jake zweimal täglich melden.

Es gehörte schon einiges dazu, auf solch engem Raum zusammen zu leben, und mich schauderte es, wenn ich daran dachte, dass die Vorfahren meiner Inuit Wochen, ja Monate mit einer ganzen Familie in einem Iglu verbringen mussten.

Unwillkürlich wurde ich an die Bombennächte erinnert, wo wir oft Stunden auf engstem Raum zusammengepfercht waren. Das Dröhnen und Vibrieren der fallenden Bomben – wird hier leicht durch die unbändigen Stürme ersetzt. –

In der Nacht heulte der Sturm nicht mehr so stark, man hörte jetzt eher die Hunde, wie sie um den Iglu liefen. Plötzlich dachte ich an meinen Waffenkoffer; die Hunde werden doch nicht, wie gestern Jakes Parka, heute meine Tasche zerreißen? Mit diesen Gedanken bin ich wohl wieder eingeschlafen. Als ich erwachte, kam ich mir vor wie in einem Tiefkühlfach. Die Wände des Iglu waren pures Eis. Jake war gerade dabei, den Spirituskocher anzustecken. Es verging schon einige Zeit, bis die Temperatur soweit gestiegen war, dass man sich an- bzw. umziehen konnte. Jake stach ein kleines Sichtfenster in die Igluwand, und mit Erleichterung stellten wir fest, dass das Wetter besser geworden war. Man fühlte sich regelrecht befreit. Ohne Schwierigkeit „trat“ Elisah einen ausreichenden Ausgang in die „Hütten“-wand. Die allgemeine Aufbruchstimmung übertrug sich direkt auf die Hunde.

Der Wind hatte sich ziemlich gelegt, die Sonne sah man aber nur schwach im Dunst und Nebel am Himmel stehen. Während Jake und Elisah die vorher total eingeschneiten Hunde einfingen, packte ich meine Sachen und half beim Beladen der Schlitten. Schließlich waren die Hunde angeschirrt und es ging neuen Zielen entgegen.

Aber wo war jetzt die Sonne? Besser hätte ich diesem Kapitel den Titel geben können: „Als Himmel und Erde eins wurden.“ Tatsächlich, die Sonne war verschwunden und Himmel und Erde zeigte ein völlig gleiches Grau. Fast nur durch die Anziehungskraft der Erde konnte ich mich orientieren. Zum ersten Male hatte ich das Erlebnis, dass mir die unendlich graue Linie, die Meer und Himmel zerschneidet, fehlte. Ich erlebte diese Erscheinung, die etwas Beklemmendes hatte, tiefgreifend und konnte mir gut vorstellen, dass sie Unkundige verwirrt und auch in die Irre führt. Sie wird als „Whiteout“ bezeichnet.

Der Hundeschlitten und der Skidoo, die nur noch in Sichtkontakt fuhren, blieben immer häufiger stehen, und die Eskimos besprachen die Lage. Ich fragte Jake, wie er unter diesen Umständen eine bestimmte Richtung beihalten konnten. Er zeigte mir im Schnee die Zeichen, die der Wind in seiner Hauptrichtung hinterlassen hatte. Diese wurde in unserem Falle rechtwinklig gequert. Wenn man so etwas weiß, ist es nicht nur einleuchtend, sondern wirkt auch beruhigend.

Es kam wieder stärkerer Wind auf, blies den Schnee vor sich her und erschwerte oder behinderte praktisch die Suche nach den Fährten Nanooks. Trotz des ungemütlichen Wetters wurde am frühen Nachmittag die Tee- und Suppenstunde eingehalten. Jake sägte schnell einige Igluquader und baute sie als Windschutz auf. Ich versuchte gar nicht mehr, mir den Tee oder die Suppe ohne Handschuhe einzuverleiben, und nahm dabei in Kauf, dass immer wieder Haare des dichten Caribofelles in meinen Magen wanderten. Fingerdick wurde die Butter abgeschnitten und zwischen die Toastscheiben – wir hatten noch ein Paket – gelegt. Als ich einmal mit dem Suppenlöffel ein Stück Butter abbrach und ihn zum Munde führte, fror dieser sofort an meinen Lippen fest!!

Wir fuhren weiter auf der mehrere hundert Kilometer breiten Baffin Bay, welche Baffin-Island und Grönland trennt. Die Geräusche, welche die Holzkufen des Schlittens auf dem teilweise glatten Eis erzeugten, erinnerten mich immer wieder an eine Staffel Starfighter, wenn sie im Tiefflug über bewaldetes Gebiet flogen.

Am Nachmittag kam bei anhaltendem Wind die Sonne stärker durch. Die Hunde leisteten sehr viel und waren jetzt seit sieben Stunden im Einsatz. Manche Strecken waren durch Packeis einfach halsbrecherisch. Jake, der sehr geschickt den Schlitten durch Drehen und Wenden seines Körpers lenkte, dabei die Hunde immerwährend anfeuerte, konnte nicht vermeiden, dass sich manchmal die Leinen in den Packeisschollen verfingen. Behende sprang er dann ab, ein kurzes Anziehen, und weiter ging es mit oh-iud, oh-iud.

Bei spiegelglattem Eis war es ein Vergnügen, den Hunden zuzuschauen, wie sie ständig darauf achteten, vom eigenen Schlitten nicht überholt zu werden. –

Die Hälfte meiner Tage waren vorbei. Langsam kamen bei mir die Gedanken, ob meine kleine Expedition auch erfolglos bleiben könnte? Aber ich gab nicht auf.

Am Nachmittag hatte ich mein erstes Erfolgserlebnis. Wir fanden die ersten Fährten von Nanook; sie waren etwa zwei Tage alt und nur schwierig zu erkennen. Schnell brach aber auch Jake die Verfolgung der Spur wieder ab, denn wir konnten später eindeutig die Abtritte einer Bärin mit ihrem Jungen erkennen. Aber es war wenigstens ein Anfang!

An dieser Stelle möchte ich etwas zur Jagd auf Eisbären einfügen.

In Canada ist diese Jagd folgender Regelung unterworfen: Sie ist hier ausschließlich den Eskimos und einigen im Verbreitungsgebiet der Bären lebenden Indianern vorbehalten. Den einzelnen Eskimosiedlungen bzw. Jägern und Fallenstellern dieser Region wird von der Regierung eine bestimmte Quote von Bären zur Jagd zugeteilt. Um nun den Eskimos eine zusätzliche Möglichkeit des Erwerbs zu geben, ist es diesen gestattet, von ihrer Quote eine ihnen genehme Anzahl Bären interessierten Jägern gegen Entgelt zum Abschuss freizugeben.

Inzwischen hatte der Schlitten eine weitere gute Strecke zurückgelegt, und es war mal wieder soweit, verdrehte Leinen zu entwirren. Ich ließ mir von Jake die Richtung weisen und lief voraus.

Die unendliche Einsamkeit in dieser Eiswüste war gleichzeitig schön und grausam. Sie versteckte hinter einer märchenhaften Fassade eine unerbittliche Härte. Unwillkürlich stellte ich mir die Frage: Möchtest du, vor die Frage gestellt, lieber in einer Sandwüste unter der Glut der Sonne verdursten oder hier im ewigen Eis erfrieren? –

Als Jake mit den Hunden nachkam, schwang ich mich auf den Schlitten, und weiter ging es auf den Spuren von Elisah. Er war vorausgefahren, um den richtigen Platz und Schnee für einen neuen Iglu zu finden.

Der nächste Tag begann mit einem Sturm, der fast die „Wände“ des Iglu erzittern ließ. Der Wind fegte wieder den Schnee waagerecht vor sich her, es war unerbittlich kalt. Die Jagd fiel aus, denn wenn auch die Sonne schien, die Temperaturen waren einfach zu niedrig. In dieser deprimierenden Lage war der Gedanke nahe, und ich machte mich schon langsam damit vertraut, ohne Eisbär nach Europa zurückkehren zu müssen. – Meine Frau, die ihr Programm in Montreal bestimmt abgewickelt hatte, würde sagen: „Akzeptiere es für etwas Besseres." Es liegt oft etwas Wahres in diesen Worten – aber noch trieb mich der Wille zum Erfolg weiter.

Zum ersten Male wurde ich wach, weil mir kalt war. Mein Daunenschlafsack war noch eingeschlagen in eine Art Steppdecke. Meine Luft holte ich mir auf Umwegen, damit sie schon etwas angewärmt war und die Kälte nicht so auf die Lungen schlagen konnte.

Am Morgen die übliche Routine, bis wir fertig waren. Die Kufen mit neuem Eis aus Schnee und Urin belegen! Die Hunde einfangen etc..... Es wurde wieder 10.00 Uhr, obwohl nur wenig verladen wurde, denn Jake wollte am Abend zum Iglu am Eisberg zurück.

Den ganzen lieben Tag fuhren wir durch die Eiswüste. Die Bahn war wie immer, einmal eben, einmal total aufgeworfen, häufiger zeigten sich doch heute neue Eisspalten. Die Hunde leisteten enorm viel. Dass das Eis arbeitete, hatte ich bereits in der Nacht gemerkt, immer wieder hörte ich es krachen und knacken, auch spürte ich die Unruhe der Hunde.

Zweimal hatten wir Fährten gekreuzt, einmal die einer Bärin mit Jungen, einmal die eines starken Bären, aber sie war mindestens eine Woche alt. Jake wollte mir jetzt unbedingt einen Bären zeigen und wir verfolgten ihre Spur.

Auf Grund der frischen Fährte war ich der Meinung, die Hunde würden nun unruhiger oder hätten die Nase nur noch am Boden, aber nichts dergleichen. Teilnahmslos hörten sie auf die Befehle ihres Herrn oder parierten erst nach der Peitsche. Zunächst war die Fährte noch gut auszumachen; die Bärin hatte keine bestimmte Richtung eingehalten, sondern bummelte regelrecht an einer Eisspalte entlang, vermutlich auf der Suche nach einem Robbenloch.

Waren Eisaufwürfe größeren Ausmaßes im Wege, wurden diese umschlagen. Plötzlich hatte die Bärin ihre Hauptrichtung gewechselt. Die Fährten wiesen jetzt nicht mehr zur Küste, sondern zum offenen Meer. Als sie nach einiger Zeit in ein gewaltiges Packeisfeld führten, brach Jake die Verfolgung ab. Ich war sehr enttäuscht, aber mir blieb nichts anderes übrig, als mich zu fügen. In einem großen Bogen zogen die treuen Hunde den Schlitten dann wieder durch ein grandiose Landschaft in Richtung Iglu am Eisberg.

Man kann das Eismeer auch mit noch soviel schmückenden Worten nicht vollständig beschreiben. Es ist phantastisch großartig, aber zugleich grausam und unerbittlich; einmalig schön, aber erbarmungslos kalt; märchenhaft, aber heimtückisch. Dass „Weiß" so vielfarbig sein konnte, fiel mir erst hier auf. Man durfte wirklich die Frage stellen: „Traum oder Hölle?" Ich war froh, dass wir heute nicht die langwierige Arbeit eines Neubaues vor uns hatten; es vergehen darüber doch immer Stunden des Wartens.

Am Abend machte mir Jake noch eine Freude. Nicht nur, weil der Spiritus zur Neige ging, nein, er wollte mir gerne zeigen, wie seine Vorfahren ihre Iglus beheizt und beleuchtet haben. Zunächst trennte er mit dem Beil den Boden eines kleinen Ölfasses ab. Dann teilte er diese Scheibe mit dem Rand wieder mittig, wobei mir das Beil leid tat. Diese neuen Schnittkanten wurden etwas nach oben geschlagen, aber nicht höher als der äußere Rand. Die Ecken wurden nach bester Möglichkeit zugeklopft. Die fertigen Halbschalen wurde nun auf drei Holzleisten (aus einem Schlittenquerholz gespalten!), die senkrecht in den Schnee gestellt wurden, so ausbalanciert, dass die leicht gebogene mittlere Schnittkante etwas nach unten zeigte. Jetzt wurde Fett und Tran von der Robbe aufgefüllt. An der Schnittkante kam ein Tuchstreifen (aus dem Schlafsack geschnitten), der vorher mit Tran getränkt war. Dieser „Docht" wurde jetzt

angezündet. Ehe die ganze Schnittkante brannte, musste Jake noch eine Weile mit Feuerzeug und Kienspan nachhelfen.
Rechts und links des Igluausganges, sozusagen im Wirtschaftsteil, standen nun die brennenden Halbscheiben des Ölfasses, und das gar nicht so trübe Tranlicht verbreitete seinen matten Schein und Wärme.
Es wirkte recht behaglich und gemütlich, so dass ich Jake bat, mir in Ermangelung eines eigenen Erlebnisses ausführlich seine letzte Bärenjagd zu schildern. Er kam meiner Bitte nach, und ich will hiermit seine Geschichte wiedergeben, wobei ich sie in der freien Übersetzung vielleicht noch mit eigenen Attributen gewürzt habe.
Jake war mal wieder auf einem seiner Streifzüge, um Robben zu jagen, und passierte dabei mit seinem Hundeschlitten einen größeren Eisberg. In dem stark zerklüfteten und mit zahlreichen Spalten und Höhlen versehenen Berg hatte sich wohl ein Bär zur Ruhe begeben. Aufgeschreckt durch die ungewohnten Laute, suchte er das Weite, wurde dabei aber von Jake und seinen Hunden gesehen. Wie von der Tarantel gestochen, jagten diese nun laut aufheulend hinter dem Bären her, kreuz und quer durch unwegsames Eis. Jake hatte Mühe, nicht mit dem Schlitten umzuschlagen. Er weiß eigentlich heute nicht mehr, wie er die Bande beruhigen konnte und einen Hund nach dem anderen von seiner Leine befreite. Dann hatten sich die Leinen wohl dermaßen in den Eisaufwürfen verfangen, dass der Schlitten schließlich stehen blieb. Wie die Furien sausten nun die freigelassenen Hunde hinter dem Eisbären her.

Diesen kümmerte das zunächst nicht, er flüchtete in dem noch übersichtlichem Eis, was seine Läufe hergaben. Doch waren die Hunde schließlich schneller und hatten den schweren Bären gestellt. Verhoffend und knurrend vermochte er sich die ausgelassenen Teufel zunächst vom Leibe zu halten, aber es wurden immer mehr. Auf dem hier sonst flachen Schollengebilde hatten sich einige Eisplatten hochgeschichtet, sie dienten dem Bären jetzt als Verteidigungsplattform.

Inzwischen hatte sich Jake natürlich aufgemacht und war mit durchgeladener Waffe hinter seiner Hundemeute hergelaufen.

Auf gute Schussentfernung – etwa 30 Meter – sah er nun Nanook in seinem langen weißbehaarten Gewand, wie ein Fabelwesen vor dem blassen Blau des nördlichen Firmaments, er leuchtete geradezu.

Der Bär schlug von Zeit zu Zeit mit seinen gefährlichen Pranken nach den Hunden. Jake wartete noch einen günstigen Moment ab und trug ihm dann die Kugel aufs Blatt an. Er brauchte nicht ein zweites Mal zu schießen, denn der Bär brach in seiner Fährte zusammen und stürzte die Eisschollen herab. Fast purzelten die Hunde aus allen Winkeln hinterher und zerrten wie wild an ihrem verhasstem Gegner. Den störte allerdings nichts mehr, denn er war bereits in den „Ewigen Jagdgründen".

Beim Verenden des Bären wenden sich die Eskimos in Ehrerbietung ab. Sie glauben an die Wiedererstehung des Königs des Eises und hoffen, ihm eines Tages wieder zu begegnen. Bevor sie ihn aus der Decke schlagen, schärfen sie ihm die Kehle auf, damit die Seele dem Körper entweichen und in die Ewigkeit eingehen kann.

Ich möchte hier den Leser nicht weiter auf die Folter spannen. Ausführlich habe ich in meinem Buch „Weltweit – die Passion mich trieb" auch die letzten Tage geschildert. Insgesamt waren sie von der jagdlichen Seite erfolglos, doch im Vergleich zu den Jagden in den Bergen des Himalaja, der Alaska Range, dem Mongolischen Altai oder der Sahara, wo ich körperlich viel mehr leisten musste, stellten sie wegen der enormen Kälte alles, was mir bisher an Durchstehvermögen abgefordert wurde, bei weitem in den Schatten. Diese Kälte, verbunden mit den primitiven Lebensumständen, stellte große Forderungen an Geist und Körper und brachte gleichzeitig einen außerordentlichen Energieverbrauch mit sich.

Im Kopf reifte schon ein neuer Plan fürs nächste Jahr, denn ich wollte „einmal“ Nanook gegenüber stehen.

Im Flugzeug saß ich neben den Piloten im Cockpit, wir hatten gestern Abend einen Whisky zusammen getrunken.

So lange es ging, ruhten meine Augen noch auf der sich entfernenden Siedlung Pond Inlet, schweiften dann über die braunen und schwarzen, scharf gezackten Umrisse der Berge Baffin Islands hinweg, weiter und weiter in die Ferne, in die Heimat der Eisbären, der Könige der Arktis, wo sich grau in grau am nördlichen Horizont der düstere Eismeerhimmel zeigte.

Ein Jahr war ins Land gegangen, viel hatte ich an meine Arktisexpedition gedacht. Mehr und mehr war im Laufe der Monate der Gedanke verwässert: „In diese Hölle fahre ich nicht noch einmal." Aber ist es nicht eine wunderbare Einrichtung des Geistes – je mehr man Abstand gewinnt, je mehr verblassen die unsympathischen Erinnerungen, und nur das Schöne bleibt erhalten!

Nach einigem Briefwechsel hatte ich einen Kontrakt nach meinem Geschmack: „.......until he gets a bear without extra cost." Ohne drängende Zeit und mit einer dadurch bedingten Motivation für meine Inuit. Noch nie, kam es mir in den Sinn, hatte ich eine Jagdexkursion unter solchen Bedingungen starten können. Was konnte da noch schief gehen?

Meine Frau, die meine Reise nutzte, um mal wieder Verwandtschaft und Freunde zu besuchen, wusste ich in guten Händen. Sie hielt sozusagen das „Basiscamp" in Montreal. Für zunächst vier Wochen hatte ich ihr Lebewohl gesagt, das war die Zeit, die ich mit meinen Eskimos leben und jagen wollte.

In meinem Reisegepäck, neben der Mauser 9,3 x 64, eingeschossen mit TUG 19,5 gr, meine auf Maß geschneiderte Eskimokleidung aus Cariboufell. Ungegerbt hatte sie, wenn auch in einer Kühlzelle, zwölf Monate überstehen müssen. Ich hoffte, dass die langen Haare des Caribou erst nach der Expedition gänzlich ausfallen würden. Denn eines war mir klar – nur zweckmäßige Kleidung ist in der Arktis ein Garant für das Überleben.

Schon eine Absenkung um 5° Celsius unserer normalen Körpertemperatur von 37° bringt unseren Wärmehaushalt durcheinander. Einer Unterkühlung zu trotzen, ist daher ohne entsprechende Kleidung kaum möglich. Ein Mensch würde bei –49° Celsius und einer Windgeschwindigkeit von 40 km/Std., für Polargebiete ein normales Wetter, ich hatte es ja bereits mehrmals schlimmer erlebt, höchstens 15 Minuten überleben, wenn er mit nackter Haut sich der Witterung aussetzen müsste.

Die aus Asien über die Beringstraße eingewanderten Eskimos haben sich bestmöglichst der neuen Heimat angepasst, und sie lieben ihr Land, in dem die Sonne im Oktober untergeht und erst Mitte März wieder erscheint.

Zweimal musste ich noch die Maschine wechseln, bis ich wieder am späten Abend in Pond Inlet, in der Sprache der Inuit – Mittimatalik –, an der nördlichsten Spitze Baffin Inlands, landete. Weich, wie auf einer Asphaltbahn, setzte der Kapitän auf und rollte die Maschine bis zu dem kleinen Abfertigungsgebäude.

Simon Idlaut, der mir für die kommenden Wochen zur Seite stehen sollte, war nicht da.

Trotz der Fragen an die hier stehenden Eskimos, war ich allein. Aus dem Flugzeug ließ ich mir Seesack und Waffenkoffer anreichen, und ein junger Inuk brachte mich auf seinem Skidoo zum Hotel. Bekannte Gesichter traten mir entgegen, begrüßten mich zaghaft nach Eskimoart. Der Manager Joe Enook – das Hotel wird als Gemeingut der hier lebenden Inuits geführt – wies mir ein Bett in dem bekannten 5-Mann Raum zu.

Kurz darauf kam Simon, ein gedrungener, stämmiger, schwarzhaariger Eskimo. Seine asiatischen Vorfahren konnte man deutlich in seinem freundlichen Gesicht erkennen. Er hieß mich willkommen, entschuldigte sein Fehlen am Flugplatz und wir unterhielten uns kurz. Morgen früh 9.00 Uhr wollte er mit dem Jäger Gamail Kilukishak vorbeikommen. Nach

Lösung meiner Jagdlizenz beim Wildlife Service war der Start unserer Jagdexpedition mit dem Hundeschlitten um 11.00 vorgesehen.

Nach einer traumlosen Nacht mit der Crew des Flugzeuges, sie schliefen einschließlich der Stewardess mit in meinem Raum, war Simon auf die Minute pünktlich. Alles lief wie geplant. Einen guten Eindruck machten mir die Männer. Leider sprach Gamail kein englisches Wort, dafür hatte er aber ein geradezu phantastisches Hundegespann.

Vor einem langen Schlitten wurden 14 bullige, vor Kraft strotzende Huskies in die Geschirre gelegt. Ihre Aufregung brachten sie durch Bellen, Heulen und Beißen zum Ausdruck. Gamail brachte sie, zu meinem Erstaunen ohne Peitsche, nur mit ein paar Worten zu Ruhe. Als unser Gepäck verschnürt war, zeigte Gamail auf den Schlitten. Ich schwang mich auf die mit Cariboufell bedeckte Ladung, und mit Bravour und Leichtigkeit, brachten die Hunde den schweren Schlitten in zügige Fahrt.

In schneller Gangart zogen die Hunde weit gefächert den Schlitten. Ab und an nur ein leises Wort von Gamail. Es schien, dass sich hier Tier und Mensch genauestens kannten und dadurch eine Vertrauensbasis da war, welche ich im letzten Jahr bei Jake vermisste.

Gegen Mittag kam Simon mit dem Skidoo nach, wechselte einige Worte mit Gamail und fuhr voraus. Nicht mehr lange folgte Gamail seiner Spur, sondern suchte seinen eigenen Weg. Ich verstand: zwei Jäger sehen mehr!

Die Sonne ohne Wind brachte die Temperatur auf -16° Celsius, so dass ich auch mal in Ruhe ohne Handschuhe fotografieren konnte. Und was für Motive, ständig wollte ich Motive festhalten. Es schien, als wenn das schlechte Wetter vom letzten Jahr alles doppelt wieder gut machen wollte. Eine seltsame, geisterhafte Spannung lag über der Szenerie. Am Mittag die erste Spur eines Polarbären. Gamail konnte die Hunde nur mit dem Schlittenanker stoppen, sie waren fast nicht zu bändigen. Wenn er sie auch meist nur durch Zuruf steuerte, so konnte seine Peitsche auch ganz gezielt den „Bösewicht" treffen, auch wenn er mitten unter seinen Gefährten war.

Mit dem plötzlich heranbrausenden Simon wurde beraten. Die Fährte eines männlichen Nanook war zwar erst von gestern und ziemlich stark, aber sie führte in Richtung offenes Meer. Mein Herzschlag konnte sich daher schnell wieder beruhigen.

Bei der anschließenden Teepause zupfte ich an den stark angezogenen Zerrleinen, mit den die Kiste festgezurrt war. Zu den Geräuschen ahmte ich im Übermut den klagenden Gesang eines Indianers nach. Bei meinen Inuit zunächst Lachen und dann in ihrer Sprache einige mir im Ton und vom Mienenspiel her nicht freundliche Worte. Hatte ich etwas verkehrt gemacht?

Am Abend im Zelt meine bohrenden Fragen in dieser Richtung an Simon. Er erzählte mir einiges über das Verhältnis zwischen seinem Volk und den Dene, den Indianern.

Wenn die Weißen im Norden von Eingeborenen sprechen, dann meinen sie ausschließlich Indianer. Eskimos sind für Bewohner der Gebiete jenseits des 60. Breitengrades eine besondere Sorte von Menschen, manchmal unheimlich, mystisch in ihren Sitten und Gebräuchen. Man beobachtet sie in schweigender Bewunderung, schüttelt den Kopf und kann ihren Jahrtausende alten Kampf des Überlebens in ihrer Landschaft nicht begreifen.

Bekannt ist seit jeher, dass der Eskimo eine große Abneigung gegenüber dem Indianer hat. Es ist vielleicht 50 Jahre her, seit Inuit und Dene auf Anordnung der Staatsregierung einen Frieden schlossen. Dieser hält jedoch nur, weil sich die Volksgruppen eisern aus dem Wege gehen. In Regionen, wo dies nicht möglich ist, auf Forschungsstationen, Ölbohrstellen und dergleichen gibt es immer wieder Todesfälle, welche von der Polizei nicht aufgeklärt werden können bzw. ungeklärt zu den Akten kommen. Dadurch wird andererseits sicher manches Leben gerettet, denn die Racheakte sind grausam. Hier auf Baffin Island wurden sie mit Harpune und Walmesser oder einfach mit dem Stoß ins Wasser ausgetragen. –

Wenn der Spirituskocher nicht mehr brennt, sinkt die Temperatur sehr schnell. Bald hatte ich auch keine Möglichkeit mehr zu schreiben und vergrub mich in meine Felle.

Ich spürte, dass wir heute einen weiten Weg vor uns hatten. Von der Küste waren wir vielleicht 60 – 80 Kilometer entfernt. Schwach konnte ich noch die Umrisse der Berge von Bylot Island sehen. Am Stand der Sonne merkte ich unschwer, wohin Gamail den Schlitten steuerte. Richtung Süden, der Küste Baffin Islands folgend. In der Baffin Bay zeigten sich nicht soviel Eisberge, jedoch mehr Schnee als letztes Jahr.

Die Hunde hatten eine enorme Ausdauer. Für mich manchmal unerklärlich, wie sie den Schlitten über meterhohe Eisaufwürfe ziehen konnten. Immer wieder verfing sich eine der Leinen an einem Eisblock. Da die Huskies nur mit dem Anker zu stoppen waren und Gamail selten davon Gebrauch machte, wurde der sich verfangene Hund von seinen Gefährten mit voller Wucht gegen die Eisscholle gezogen. Laut jaulend kannte er diesen Ablauf, knallte mit voller Wucht gegen die nicht selten scharfen Eiskanten und wenn er Glück hatte, riss die überdehnte Zugleine. Wenn nicht, musste er mit seinen Knochen die Kraft seiner dreizehn Meutebrüder voll auffangen!

Stunde um Stunde „kreuzten“ wir in der Baffin Bay. Wenn auch das Wetter nicht besser sein konnte, wäre ich beruhigter gewesen, den Schlitten mit Zelt und Proviant bei uns zu haben. Der brave Gamail tat wahrlich seine Pflicht! Unermüdlich trieb er mit sanften Rufen seine Hunde an, sprang vom Schlitten, um denselben geschickt an Eisschollen vorbeizudrücken, oder er kletterte, nachdem er den Schlitten verankert hatte, auf kleinere Eisberge, um die Gegend gründlich abzuleuchten.

Aber so ist es nun mal bei der Jagd. – Man sah ihm die Enttäuschung an, während bei mir noch alles verzaubert war. Ich genoss das phantastische Wetter und die herrliche Landschaft.

Plötzlich war Simon mit seinem Skidoo da. Er hatte irgendwann unsere Spur gekreuzt und war ihr dann gefolgt. Die beiden wechselten einige Worte, und dann sagte Simon zu mir: „Dort an dem Eisberg wollen wir unser Lager richten.“

Ich ließ die beiden vorausfahren, um in Ruhe den Spuren zu folgen. Ganz alleine wollte ich sein unter Gottes freiem Himmel, der in einem Purpurblau ohnegleichen leuchtete. Von einer Reinheit, die einem erst in solchen Momenten bewusst wird. Alles kam mir im wahrsten Sinne des Wortes so sauber vor. Den Schnee hätte man auch chemisch nicht mehr heller bekommen, und er blieb so, wochenlang. Die Landschaft wirkte direkt unverletzt, wie im Urzustand, hier konnte der Mensch ihr noch nichts anhaben. Gerade in solchen Momenten wird einem bewusst, in welcher traumhaften Welt man lebt.

Mir fielen die Worte von Prof. Helmut Thielicke ein, der seine Eindrücke anlässlich eines Gespräches mit Astronauten in die kurzen Worte fasste: „Ja, wir sind zu Gast auf einem schönen Stern.“

Kaum ein Windhauch regte sich, im Gegensatz zu den Stürmen, welche ich im vergangenen Jahr erlebt hatte. Das Laufen im Schnee ging langsam, aber es ging stetig. Man hörte in der absoluten Stille seinen Herzschlag. Die Ruhe schob Probleme, Gedanken, Phantasien beiseite. Es war wie ein Schleier, der von den Augen fällt. Man achtete auf Dinge, die man sonst nie sehen würde. Auch die Art zu gehen änderte sich, man atmete regelmäßiger und tiefer, das Blut kreiste schneller und trotz der Anstrengung, verbunden mit der ungewohnten Kälte, fühlte man sich wohler.

Meine beiden Inuit, zunächst nur als dunkle Punkte in dem Weiß des Umfeldes erkennbar, hatte ich erst nach einer Stunde erreicht. Das Lager war fast gerichtet, aber heißen Tee gab es sofort. Langsam fing ich an, die beiden richtig gerne zu haben. Sie waren gut aufeinander eingespielt, hatten, was mir besonders gefiel, im Gegensatz zu ihren Artgenossen einen ansprechbaren Ordnungssinn.

Lange unterhielten wir uns noch ohne störende Geräusche der Gaslampe. Es wurde erst gegen 11.00 Uhr ein wenig dunkel, und der volle Mond leuchtete mit einer geradezu unglaublichen Intensität.

Am Morgen des vierten Tages, es war mein dritter Jagdtag, während der Nacht war eine dünne Schicht feiner, pulveriger Schnee vom Wind angeweht, legte sich die Kälte sofort in feinen Eiskristallen auf die Pelze, die die Gesichter meiner Inuit einrahmten. Die Hunde sahen aus, als lägen sie unter eisstarrenden Pelzen. Manche schüttelten sich und wurde dadurch erst wieder „menschlich“.

Nachdem das abgebaute Zelt und die sonstigen nicht wenigen Habseligkeiten auf dem Schlitten verstaut waren, war es für mich immer eine Freude zu sehen, wie willig sich die Hunde einspannen ließen. Die beiden Eskimos hatten die Schlitten getauscht, den größeren zog jetzt Simon mit seinem Skidoo.

Bei wieder gleißendem Sonnenlicht, ohne die Spezialbrille aus dem Himalaja wollte ich nicht mehr sein, ging es weiter Richtung Meer. Wir wollten eine aussagefähige Spur finden, welche landeinwärts zeigte. Dann kam der für mich so wichtige Moment. Simon und Gamail hatten sich noch nicht getrennt, als wir unweit des Lagers auf starke Trittsiegel eines einzelnen Bären stießen. Die Fährte war vielleicht fünf Stunden alt, der vom Wind angewehte Schnee der Nacht war bei ihr nicht feststellbar, sie zeigte Richtung Küste.

Was für ein Augenblick; sollte die Jagd tatsächlich beginnen? Mein Herz schlug schneller. Simon fuhr mit dem Skidoo voraus und war bald unseren Blicken entschwunden. Gemail folgte durch „Dick und Dünn“. Sehr hilfreich hierbei war, solange noch mit Simon Sichtkontakt bestand, dass der Hundeschlitten auch mal ein Eisaufwurffeld umfahren konnte.

Plötzlich sah ich nur noch den mit roter Plane überzogenen Schlitten von Simon, er hatte ihn abgehängt. Dann sah ich ihn selber auf einem in ziemlicher Höhe aufgeschobenen Eisblock. – Sollte er? Ich wurde immer aufgeregter. Dann sahen wir wieder Simon mit seinem Skidoo weit voraus. Es sollte für die nächste gute Stunde der letzte Sichtkontakt gewesen sein.

Die Hauptrichtung blieb der Küstenstreifen. Im Laufe der Zeit kühlte, soweit man hier von Abkühlung sprechen konnte, mein Jagdfieber ab. Aber dann sahen wir Simon doch wieder, ohne Skidoo, hin und her hastend.

Schließlich waren wir bei ihm. Eine frisch abgenagte Robbe lag inmitten von viel Schweiß, und neben der verfolgten Spur war eine weitere Bärenfährte gleicher Größe vorhanden.

Jetzt war guter Rat teuer. Wo war die Fährte von unserem Bären? Lange kreuzten wir immer wieder diese beiden Fährten.

Mir kam scherzhaft in den Sinn „Die Bären haben die Pferde gewechselt", jetzt verfolgen wir eine neue, eine frische Spur!

Schließlich war man sich einig und Simon brauste wieder los, bald von Packeiswürfen verdeckt, sahen wir lange nichts von ihm.

Wir waren vielleicht, ich kann es nur schätzen, dem Lande wieder bis auf etwa 20 Kilometer näher gekommen, als wir Simon als dunklen Punkt vor der Küste sahen. Um es kurz zu machen, Simon kam schließlich enttäuscht zurück, mit der Erklärung: „Der Polarbär, Ursus maritimus, ist an Land, in die Berge getrottet!" –

Ohne Murren, ohne Pause, ging es dann wieder auf getrennten Wegen hinaus auf´s Meer. Zelt, Proviant etc. waren auf dem Hauptschlitten, und der stand irgendwo in der Eiswüste.

Wieder fuhren wir Stunde um Stunde. Allein war ich mit Gamail in einer der, wenn auch bezauberndsten, so doch unwirtlichsten Gegend der Welt. Er verstand meine Sprache nicht, ich verstand seine nicht. Verbunden fühlten wir uns durch die gemeinsame Jagd.

Dann plötzlich, wie hingemalt, die deutliche Fährte eines starken Bären – Richtung Meer. Die Tritte waren wesentlich gewaltiger, als die von dem heute morgen verfolgten Bären. Geduldig und beharrlich folgte Gamail sofort dieser neuen Spur. Zwei im Laufe der letzten Zeit durch Verklemmen von der Leine gerissenen Hunde liefen auf der Bärenfährte sofort voraus, die Nase tief am Boden. In ständigem scharfen Trott die anderen mit dem Schlitten hinterher. Nichts konnte sie mehr aufhalten.

Vom Jagdfieber gepackt, jedoch zur Untätigkeit verdammt, verfolgte ich jede einzelne Aktion. Wieder waren vielleicht zwei Stunden vergangen, etliche Packeisfelder mit meterdicken Eisschollen überquert worden, als hinter uns Simon auftauchte. Sicher hatte er irgendwann auch die neue Spur des Bären gekreuzt und war dadurch zwangsläufig auf uns gestoßen. Die beiden wechselten während der Fahrt einige Worte, und dann fuhr Simon voraus.

Inzwischen waren wir, nach der Zeit und dem vorgelegten Tempo der Hunde schätzend, sicher wieder 60 bis 70 km von der Küste entfernt. Auch wenn ich mich wiederhole, die Leistung der Hunde war unvorstellbar. Ohne Rücksicht trieb Gamail sie aber jetzt auch an. Mensch und Tier spürten anscheinend die Nähe des Bären. Zweimal war jetzt schon ein Hund unter den Schlitten gekommen. Dann nämlich, wenn die Zugleine sich an einem Eisblock verfing, der genau in der Schlittenspur lag. Das dabei entstehende Geräusch mit dem Aufjaulen des Hundes verbunden, ließ mich das Schlimmste befürchten. Jedoch nach der Befreiung durch Gamail hastete der Hund wieder nach vorne, als wenn es nur ein Spiel gewesen wäre. Was müssen diese Tiere für Knochen haben?

Dann versperrte ein kilometerbreites Packeisfeld nicht nur jegliche Sicht, sondern nach meiner Meinung auch ein Weiterkommen. Schollen von zwei Meter Dicke, aufgetürmt bis zu mehreren Metern, schienen das Ende darzustellen. Simon musste mit seinem Skidoo diesem Hindernis durch größere Umwege ausgewichen sein. Aber für Gamail galt – wo der Bär durchkommt, komme ich auch durch!

Unglaublich was wir leisteten, akrobatische Einlagen, besondere Kraftaufwendungen, Kälte und Entbehrungen – das Frühstück war vor etwa acht Stunden – sind nur einiges, was ich jetzt aufzählen kann. Teilweise waren die restlichen Hunde jenseits eines Eisgrabens, so dass nur die Leinen erahnen ließen, wo sie waren. Der Schlitten wurde von Gamail und mir, unter Anfeuerungsrufen an die Hunde, fast senkrecht über Hindernisse gedrückt, geschoben oder gezogen. Es blieb nicht aus, dass wir dabei stürzten und fielen – nur nicht unter den Schlitten kommen, war die Devise.

Endlich war dieser Streifen auch geschafft. Ich merkte, wie ich bei –25° C zu schwitzen begann. Deutlich standen die starken Tritte des Bären vor uns.

Plötzlich sah ich weit voraus Simon, er stand auf seinem Skidoo und, wie schwach zu erkennen war, winkte er mit seinen Armen.

Aufgeregt stieß ich Gamail an und zeigte in Richtung Simon. Aus seiner Reaktion entnahm ich nichts Besonderes. Jedoch band er den Leithund von seiner Leine und sagte, mit der Hand gleichzeitig Richtung Simon deutend: „Avunga“ – diesen Weg!

Obwohl wir eine schnelle Fahrt beibehielten, schien eine Ewigkeit zu vergehen, bis wir Simon deutlicher winken sahen. Er zeigte mit ausgestrecktem Arm auf eine größere Erhebung von Eisschollen. Jetzt war es mit meiner Ruhe gänzlich vorbei. Nur mit Mühe konnte ich mich auf dem Schlitten halten. Vielleicht 100 Meter Distanz noch zu Simon, dann 60 Meter. Halt!

Ehe Gamail die letzten Hunde losgebunden hatte, folgte ich selber mit der schnell aus dem Gewehrkoffer geholten Waffe und Kamera den vorauseilenden Huskies.

Dann sah ich ihn, den so lange verfolgten Polarbären. Laut knurrend und sich wild gegen die mehr und mehr werdenden Hunde verteidigend.

Was für ein Bild, wenn er hoch aufgerichtet einen Ausfallversuch machte. Alle Strapazen hatte ich im Moment vergessen. Diesen Augenblick konnte mir keiner mehr nehmen. Wie ein Urtier mit einer phantastischen Wendigkeit; aber die Hunde, um die mir bange war, hatten ihn fest. Gamail war neben mir. Ich gab ihm zunächst die durchgeladene Waffe. Die Kamera am Auge, lief ich, ein Bild nach dem anderen machend, auf „meinen“ Bären zu. Vielleicht noch zwanzig Meter, nicht tief genug konnte ich diesen Anblick in mich hineinsaugen. Vor den kristallen schimmernden Eisschollen, der Bär mit in der Sonne glänzendem, weißen, zottigen Fell. Laut kläffend die teilweise schwarzweißen Huskies um ihn. Dann ein erneuter Ausfallversuch. Ich musste dieser Situation, auch im Interesse der Hunde, ein Ende setzen.

Hastig tauschte ich mit dem mir nicht von der Seite gewichenen Gamail die Kamera mit der Waffe. Der Bär stand im Moment breit und schlug mit der Tatze nach einem Hund. Fast füllte das weiße Fell das runde Glas meines Zielfernrohres. Jetzt keinen Fehler machen. Für den Schuss mit dem Zielfernrohr vielleicht zu nah?

Noch einmal ging ich in Anschlag, führte die Waffe am Vorderlauf des Bären hoch, fand den Punkt – Blatt – und ließ fliegen.

Der Bär bäumte sich auf, stand für einen Moment auf seinen Hintertatzen, biss wild in Richtung Einschuss und fiel, sich halb drehend, auf dem Anschuss zusammen.

Wie gelähmt hielt ich die bereits wieder durchgeladene Waffe. Am Ziel meiner Träume nahm ich kaum wahr, wie die Hunde sich auf den verhassten Gegner stürzten. Gamail hielt sie durch Zurufe zurück, und sie gehorchten, fielen fast wie der Bär, stark hechelnd da zusammen, wo sie gerade standen.

Der Polarbär war verendet, Entspannung machte sich breit. Das größte Landraubtier der Erde, Nanook den Eisbären, Ursus maritimus, hatte ich nach langer Jagd endlich zur Strecke gebracht. Nach meiner ersten Freude und meinem Waidmannsdank an meine Eskimos kehrte ich einen Moment in mich. Ein Geschöpf Gottes, welches neben dem Walross als ernsthaften Gegner nur den Menschen als Feind hat, hatte ich in die ewigen Jagdgründe geschickt. Stolz, aber auch ein wenig Trauer erfüllten mich, wie immer in solchen Augenblicken.-

Trotz der Kälte konnte ich nicht anders, ich musste aus meinem Caribouparka heraus. Die wilde Jagd hatte mir nicht die Möglichkeit gegeben, die dabei erzeugte Wärme abzuführen. Aufnahmen aus allen Winkeln wurden gemacht, für immer wollte ich die in meiner Erinnerung nicht auszulöschenden Momente auch auf das Papier binden.

Für ein Foto musste sich Simon neben den auf dem Rücken liegenden Bären legen. Deutlicher konnte man, meiner Ansicht nach, die Größe nicht demonstrieren. Drei Meter und etwas schätzte ich, wobei es mir nicht auf einen Rekord ankam.

Viel Arbeit stand uns an diesem Tage noch bevor. Mit vereinten Kräften, wobei ich auf dem Skidoo saß, zogen wir den Bär aus dem Gewirr der Eisschollen auf eine frei Fläche.

Während nun Simon und Gamail sich an die Arbeit des Abhäutens machten, sie hatten nur zwanzig Minuten, lief ich auf den Spuren des Bären zurück. Verfolgte dann wieder in der anderen Richtung die letzten Meter seines Lebens. Die Landschaft prägte ich mir bis ins kleinste Detail ein.

Die Arbeit ging den beiden zügig voran. Sie mussten sich auch beeilen, den der Gegner hieß jetzt Frost.

Bald war der Bär ohne Fell, sicher kein guter Anblick für manchen, und ich bat Simon, auch den Körper aufzuschärfen.

Was für eine Leber! Von den schätzungsweise 500 kg Gesamtgewicht kamen auf sie vielleicht 20 kg, jedoch ist sie vollkommen ungenießbar. Das Herz wurde freigelegt, und ich fand meinen Schuss – genau ins Herz. Simon lachte und sagte: „This I have never seen before.“

Für die Menschen, die der Jagd ablehnend gegenüber stehen, hätte ich gerne den Anblick festgehalten, der sich beim Aufschneiden des Magens bot. Eine Vielzahl von kleinen Robben kam zu Tage, die weit vor ihrem Leben auf dem Eis von dem Bären in den Kammern unter der Eisdecke gefunden wurden. Denn auch hier, vielleicht erst recht, gilt: Wer frisst dich und wen frisst du!

Bevor die Bärendecke gefroren war, hatten Simon und Gamail sie gefaltet und auf den Schlitten gehoben. Eine Keule wurde für die Hunde mitgenommen, der Rest blieb für Raben, Füchse und .....Eisbären. Ja, seine Brüder würden sich mit Freuden darüber her machen.

Ein Problem ganz anderer Art wurde mir plötzlich bewusst. Wo war der Schlitten mit Zelt, Proviant und einem Teil unserer Schlafsäcke? Simon hatte ihn heute morgen irgendwo abgestellt, aber wo? Es war jetzt mittlerweile 20.00 Uhr, aber die Sonne stand noch weit über dem Horizont. Kein Wölkchen war am blauen Himmel zu sehen.

Der Schlitten von Gamail wurde hinter Simons Skidoo gebunden, denn die Hunde waren zu erschöpft, sie durften frei hinterherlaufen. Gamail und ich kamen auf den Schlitten, und dann ging es los.

Schon bald merkten wir, dass nicht alle Hunde folgten. Einer musste verletzt sein und blieb, assistiert von zwei weiteren, weit zurück. Schließlich fuhr Gamail mit dem Skidoo zurück und holte seinen treuen Freund, legte ihn quer vor sich auf den Schlitten und weiter ging's. Wenn auch erst nach einer weiteren Stunde, so fand Simon doch mit geradezu traumwandlerischer Sicherheit seinen Kamotik in dieser Eiswüste.

Mir war das zwar mehr als recht, aber ich hätte nach meinem Erfolg auch noch die Stimmung gehabt, weiter zu suchen. Zuvor, um diesen Tag noch vollkommener zu machen, sahen wir eine Bärin mit zwei Jungen. Hastig flüchteten sie.

Für viele Strapazen, für viele Stunden war ich heute, bei prächtigem Wetter, mit Waidmannsheil und Anblick verwöhnt worden. Sie werden einen der höchsten Plätze in meinem jagdlichen Erinnerungsbild einnehmen.

Man muss, um etwas Besonderes zu erleben, auch etwas Besonderes leisten. Erst dann ist der Genuss wirklich ungetrübt, und jeglicher bitterer Geschmack bleibt getilgt.

Schnell war mit vereinten Kräften unser Zelt aufgebaut. Gamail baute einen kleinen Iglu, in welchen die Decke, der Schädel und die Hinterkeule meines Bären kamen. Er wollte den Hunden keine Möglichkeit lassen!

Nach reichlichem Essen erzählten wir drei – wobei Simon als Dolmetscher fungierte – in gelöster Stimmung so allerlei. Ich merkte, dass die beiden mich mochten und hatte sie selber in mein Herz geschlossen. Nicht nur diese Stimmung, vielleicht auch mein großzügiges Trinkgeld löste unsere Zungen. Abwechselnd sangen beide mir ein Lied in ihrer Sprache, während ich unsere Heimat- und Jägerlieder zum Besten gab.

Lange lag ich noch wach und ließ diesen Tag Revue passieren. ....

Nun hatte ich die Mentalität der Inuit persönlich und durch Erzählungen kennen gelernt, wusste über die physischen Kräfte, die erforderlich waren, um in der Wüste aus Eis und

Schnee bei – 45° C leben zu können, kannte einen Teil dieses bizarren, baumlosen Landes am Ende der Welt, in welchem kontinuierlich die Sonne, Kälte und Blizzards wechseln, wusste, dass schon ein kleiner Fehler das Leben kosten kann, und doch habe ich gelernt, dieses Land zu lieben, wie die Eskimos es lieben, habe in meinem Herzen den Traum von dieser großen faszinierenden Welt über die Schrecken ihrer Hölle gesetzt.

Nach den Strapazen ein „Schläfchen“

Unsere Iglu waren meistens nur für eine Nacht, Arktis

Verfasser auf Versorgungsschlitten, Arktis

Wir hatten die Spur aufgenommen

Die Hunde hatten Nanook gestellt

Walross-Männchen werden bis 1.500 kg schwer

Aufrecht war er 3,10 Meter groß, Arktis

Zum Vergleich, Gams aus dem Zillertal, Österreich

Eisberg, hier braucht man keine Phantasie

Gamail beim Abschied

Ein Vollblut-Inuit

Arbeiten der Inuit
aus Speckstein und Elfenbein

Bärin mit Jungen

Kapitel 17

Auf dem Rücken der Pferde durch Andalusien

Wir saßen am offenen Feuer, die lauen Lüfte der Maiennacht, der rote Wein machten die Zungen locker. Freund Uli schwelgte von den Zeiten, als er noch sein eigenes Pferd hatte, und von den Aktivitäten bei seinen Reitabenteuern in Teilen Europas.

Es klang so wie – das war einmal!

Ich fiel ihm ins Wort: „Machen wir mal etwas gemeinsam, vielleicht mit einer Reitergruppe".

„Du kannst ja gar nicht richtig reiten, auf dem Rücken eines Pferdes in Süd-West-Afrika oder in der Mongolei zu sitzen – ist etwas anderes".

„Dann werde ich in der Reitschule Uhlenhorst einige Stunden absolvieren, was hältst Du davon?"

Er schaute etwas skeptisch, aber im Grunde war die Idee schon der Anfang!

Von Uli eine Reithose, Lisa schenkte mir Reitstiefel, und den gewaltigen Muskelkater holte ich mir im Reitstall.

Der Kontakt zu Pegasus filtrierte – 14 Tage Andalusien. Von Sevilla bis Cadiz rund 400 Kilometer!

Andalusien – der romantische Süden Spaniens steht als Synonym für Lebensfreude und Fiestas, Gazpacho Andaluz und Sherry aus Jerez, vollendet abgerundet durch die einzigartige Landschaftsvielfalt. Bis zum Horizont schwingende Viehweiden, auf denen Kampfstierherden grasen, weite Pampas, zerklüftete Canyons, schattenspendende Olivenhaine und Pinienwälder, maurische Dörfer und Städte mit steilen Gassen und blumenreichen Innenhöfen. Endlose Sandstrände, einsame Buchten und kurze Steilküsten an der Costa de la Luz – der Küste des Lichts.

Doch wenn man von Andalusien spricht, sollte man aber auch Alhambra, die Burg hinter Mauern, erwähnen. Von fern eine gewaltige Burg, von nah ein verspielter Palast, makellos und maßlos, vom Sonnenlicht durchflutet, von Wasserspielen belebt. Ein Meisterwerk islamischer Baukunst – Festung und Fürstenresidenz zugleich – aus unzähligen ineinander verschachtelten Patios und Sälen.

Zwanzig Fürsten aus dem arabischen Sultansgeschlecht der Nasriden waren die Bauherren des architektonischen Kleinods. Sie kamen aus Nordafrika und blieben an den Ausläufern der Sierra Nevada hängen. In zweieinhalb Jahrhunderten, 1239 – 1492, war es vollbracht.

Wir freuten uns auf das typische, alte, vom Tourismus noch unberührte Andalusien, und das auf dem Rücken der Pferde!

Abflug pünktlich am 14. September 1985 über Madrid nach Sevilla.

Auf unserem Weg zum „schönsten Dorf Spaniens“, Arcos de la Frontera, sehen wir sie schon von weitem auf dem steilen Hügel am Nordufer des Huadalete: die maurische Altstadt.

Eine dreimalige Übernachtung ist vorgesehen auf der Finca „El Santiscal“. Ein Gutshof, der 1845 vom Herzog von Merito erbaut wurde. Wir sahen ein Schwimmbad und unweit die großen Stallungen.

Der langgestreckte, rustikale Speisesaal, mit seinen schweren, geschnitzten Eichenmöbeln und die teilweise mit Fresken versehenen Deckengewölbe, gefielen mir sehr gut.

Unsere Gruppe, einschließlich unserer Leiterin Romy Bachmann, bestand aus 14 Reitern, die Hälfte weiblichen Geschlechts. Wir machten uns bekannt.

Bis zum Essen konnten wir uns noch in den Pool stürzen.

Auf der Wiese hinter dem Haus lag ein Wassersprenger, etwa 30 cm hoch, hierauf hatte der Herr, welcher im Bus schon die allerdollsten Reitergeschichten erzählt hatte, seine Sachen gelegt. Ein Blick zu Uli, und ich lief, nachdem ich mit den Augen den Schlauch verfolgt hatte, sehr schnell zum Wasserhahn, drehte ihn voll auf, und rannte über die andere Hausseite zurück. Unbeschadet saß ich wieder neben Uli und wir beobachteten das weitere Geschehen.

Es dauerte etwas, bis der Geschädigte den Schaden unter dem Gelächter der anderen erkannte. Er wurde gar nicht mal so laut und seine Geschichten später ehrlicher.

Morgen werden die Pferde zugeteilt!

Ich hatte mit Uli ein Doppelzimmer, wir blickten zum Pool und in die weite Landschaft.

Nach gemeinsamem Frühstück an der Rittertafel folgte der Weg zu den Stallungen. Die Pferde waren im Freien angeleint, und jeder konnte nach eigenem Geschmack oder Kenntnis „sein“ Pferd aussuchen.

Uli, mit entsprechendem Sachverstand, hatte schnell seine Wahl getroffen. Mich schaute eine brave, braune Stute an, als wenn sie sagen wollte, tust du mir nichts, tue ich dir nichts!

Wir kamen in den zwei Wochen gut miteinander aus, bis auf einmal – aber davon später.

Mit Hilfe der Pferdeknechte wurde gesattelt, Kamera geschultert und Hut auf, dann waren wir schon auf der Piste.

Die Organisation war gut geplant.

Mit den Pferden waren wir fast immer in freier Natur, abseits der Straßen. Unsere wohlverdiente und erforderliche Siesta erfolgte an einem vom Fahrer Alfredo vorbereiteten Platz. Er holte aus seinem Bus immer komplette Menüs, und auch der Wein fehlte nicht.

Entweder wurden am späten Nachmittag unsere Pferde auf einer Finca untergestellt und wir fuhren mit dem Bus – wie heute – zur Finca „El Santiscal“ zurück; oder die andere Variante, wir fuhren zu einer anderen Finca voraus. Am Morgen ging es dann zurück zu den Pferden. Alfredo war immer im Einsatz und alles klappte phantastisch.

Der erste Tag war hauptsächlich ein Proberitt. Jeder sollte die Möglichkeit haben, eventuell sein Pferd noch tauschen zu können.

Nach dem Mittagessen begann die erste Etappe nach Algar. Die Pferde wurden im Trab bewegt. In einer sehr engen und steilen Schlucht preschten sie mit Karacho hoch und wollten sich noch überholen. Ich dachte nur, wenn das so weitergeht, nimmt es für mich ein schlechtes Ende. Auf der Anhöhe wurde der Schritt ruhiger. Ein wunderschöner Blick auf die Stauseen von Bornos und Gualdalcacin entschädigte Staub und Schweiß.

Romy an der Spitze achtete darauf, dass wir zunächst schön in der Reihe blieben. Sicher wollte sie erst einmal ihre „Schäfchen“ kennen lernen.

Die Übernachtung fand wieder in der Finca „El Santiscal“ statt.

Die Abende wurden interessanter und schöner. Man kannte sich langsam und es bildeten sich, wie immer, kleine Gruppen. Bei gutem Essen, gutem Wein ließen wir den Tag Revue passieren. Uli und ich gaben einiges zum Besten, aber die anderen waren auch nicht ohne. Der Abschluss auf der Terrasse, unter dem Sternenhimmel einer lauen Sommernacht, hätte nicht besser sein können.

Der nächste Tag führte uns weiter entlang des Ufers des Stausees Guadalcacin. Die Sonne hatte die Temperaturen schon aufgeheizt, und Romy führte uns mit den Pferden in die flache Uferzone, zum Trinken und Abkühlung.

Wie immer hatte ich meinen Fotoapparat zur Hand, um die Szene festzuhalten. Zum Foto kam ich jedoch nicht, denn plötzlich legte sich mein Pferd zur Seite. Gerade noch bekam ich, an der sich zum Wasser neigenden Seite, meinen Fuß aus dem Steigbügel, ehe wir beide, unter dem Gelächter der „Freunde“ im Wasser lagen.

Die Kamera war nicht mehr brauchbar, die Reitstiefel bekam ich zunächst gar nicht aus!

Zum Glück kam bald Alfredo mit seinem Bus. Etwa zwei Stunden hatte ich, um den Trocknungsvorgang durchzuführen.

Der Nachmittag führte uns nach San Jose del Valle. Später sorgte Alfredo für den Transfer zur Finca „El Santiscal“

Nach fröhlichem Frühstück zunächst längerer Transfer zu unseren Pferden. Der Ritt durch die Ausläufer der Sierra del Algibe nach Alcalá de los Gazules war, trotz der Hitze, ein Genuss. Meist ritten wir jetzt zu zweit nebeneinander und führten Gespräche über Gott und die Welt. Welche Probleme doch so mancher mit sich herumträgt....

Wir waren zwar in der Mehrzahl aus Deutschland, aber auch die Schweiz, USA, Israel, Frankreich waren vertreten.

Manchmal legte jetzt auch Romy kürzere Galoppaden ein, wobei man dann doch schon die Reiter mit dem besseren Pferdeverstand erkennen konnte.

Doch heute schien nicht unser Tag, denn wir wurden überholt – von einem Pferd ohne Reiter. Erschrocken machte Romy mit einigen eine Kehrwende, um Daniela aus Israel, es war ihr Pferd, hoffentlich nicht verletzt zu finden. Sie hatte Glück gehabt. Leicht angeschlagen, aber nicht ernsthaft verletzt, saß sie auf der Anhöhe eines Grabens, im Gesicht schneeweiß.

Daniela war als Sicherheitspersonal bei der Israelischen Airline in Frankfurt beschäftigt, sicher mit entsprechender Ausbildung, sie konnte bestimmt einiges einstecken.

Unsere Schlafstatt fanden wir heute in einem Hostal in Alcalá de los Gazules.

Die Sonne schickte mit einer Selbstverständlichkeit wieder ihre schönsten Strahlen, und wir suchten in den großen Weiten vergebens einen Baum. Auf den ausgedehnten Stierweiden zollten wir unseren Respekt den vor Kraft strotzenden Kampfstieren.

Romy hatte uns eindringlich gewarnt, nur im ruhigen Schritt und ohne laut zu sprechen durch die Herde zu reiten.

Wir passierten sie recht nahe, und bei so manchem „Stierauge“ war doch ein recht komisches Gefühl im Magen. Wir träumten von kühlem Bier, aber auf dem Weg nach El Cortijo de las Habas war keine Bar. Erst auf einer Finca, wo die Pferde unterkamen, tranken wir den Brunnen fast leer.

Alfredo brachte uns mit seinem Bus in das Fischerdorf Zahara de los Atunes zu einem Hotel direkt am Strand. Klar, dass wir uns in den Fluten des Atlantiks entspannten.

Nach dem Essen fand der eine oder andere doch noch Möglichkeiten, seinen Bierkonsum zu steigern.

In der schwülen Nacht träumte ich schon wieder von den leichten Winden, auf dem Rücken meines Pferdes.

Wir holten sie quasi mit dem Bus von Alfredo ab. Ein wunderschöner Tag lag vor uns, wir ritten über die Steilküste mit dem Blick zum weiten Meer, über herrliche Sandstrände ohne Menschen, galoppierten durch Pinienwälder und besichtigten die römischen Ruinen von Bolonia. Es war ein Reitvergnügen in einem vom Tourismus noch unberührten Andalusien.

Unser Mittagessen nahmen wir in einer typischen Bodega am Strand ein. Der Nachmittag stand zur freien Verfügung.

Es kam der Tag, auf welchen sich die „richtigen“ Reiter schon seit Tagen freuten. Der Ritt mit langen Galoppstrecken am Strand und später durch Pinienwälder nach Barbate. Uli strahlte und ich hätte bestimmt keinen Blumentopf gewonnen. Immerhin bin ich im Sattel geblieben! Auf dem Transfer der Reiter in die Unterkunft der Vortage, nach Zahara de los Atunes, sah man doch dem einen oder anderen die Strapazen ins Gesicht geschrieben.

Keiner wollte jedoch nach dem Essen auf den Gazpacho Andaluz in der Diskothek des Hauses verzichten.

Als wir wieder bei den Pferden waren, hatte ich das Gefühl, dass sich meine Stute freute. Der Ritt führte uns zunächst wieder über riesige Viehweiden, dann nordwärts, dem Lauf der Atlantikküste folgend. Ich hatte mich inzwischen so an die entspannenden Ritte, die Gespräche mit den Reiterfreunden sowie die Ruhe und Einflüsse des Klimas gewöhnt, dass in meinem Kopf schon Gedanken über eine neue Reise kreisten.

Bei der Mittagsrast in einer Bodega am Strand konnten wir in weiter Ferne den Turm von Cadiz sehen. Die Stadt Cadiz liegt auf einem Kalkfelsen im Golf von Cadiz und ist durch eine schmale, 9 km lange Landzunge mit dem Festland verbunden. Durch diese strategische Lage hat sich ein bedeutender Handels- und Kriegshafen entwickelt, welcher wiederum eine enorme wirtschaftliche Prosperität nach sich zog. Die bereits um 1100 v. Chr. von den Phöniziern gegründete Ansiedlung hat heute 140.000 Einwohner.

Der weitere Ritt führte uns ostwärts ins Landesinnere nach Vejer. Romy zeigte uns einige Kunststücke und was mit einem Pferd machbar war.

Langsam kamen wir unserem Ausgangspunkt näher. Heute sollte uns der Ritt nach Medina-Sidonia führen. Romy hatte von dieser alten Festungsstadt erzählt. Die alles überragende gotische Kirche Santa Maria la Coronada war schon etwas Besonderes.

Wir führten teilweise die Pferde durch Straßen des Ortes, um einen kleinen Einblick in diese auch arabisch geprägte Stadt zu bekommen.

Unsere schöne Zeit neigte sich dem Ende. Nachdem die Pferde untergebracht waren, fuhr uns zur Übernachtung Alfredo zur Finca „El Santiscal".

Der schwüle Abend am Pool ließ so manche Szene unserer Reitertage Revue passieren. Jeder hatte sein besonderes Erlebnis bei diesem Andalusienritt.

Es kam der letzte Tag. Nachdem wir wieder bei unseren Pferden waren, verabschiedete sich fast pünktlich das klassische Sommerwetter. Wieder querten wir große Viehweiden auf dem Ritt nach San José del Valle. Eine wichtige Erkenntnis nahmen wir mit, wir hatten gelernt, dass die „Pampa" mehrere Gesichter hat.

Dann sahen wir, zunächst im Dunst, die „weiße Stadt" Arcos de la Frontera auf ihrer imposanten Erhöhung. Wir hatten unseren Kreis wieder geschlossen.

Ein festliches Abschiedsessen in dem rustikalen Speisesaal, mit viel Freude, Wein und Erzählungen von unseren stolzen Taten, rundete unseren zünftigen Urlaub auf dem Rücken der Pferde ab.

Am Morgen des Abfluges hatten wir noch die Möglichkeit, die „Weiße Stadt" zu besichtigen, bevor es zum Flughafen Sevilla ging.

Eine humoristische Zusammenfassung von unserem Reiterfreund Dr. Christian Schudt.

Reiterurlaub in Andalusien, 1985

Es begann der Spanienritt
tagelang erst nur im Schritt
Acker, Pinienwälder, Wiesen
sollten langsam wir genießen
und so traf am ersten Tag
einige vor Hitze fast der Schlag.
Wir stießen gottlob hier und da
auf eine kleine Bar!
War die Bar dann auch noch offen
wurde hemmungslos gesoffen;
es flossen Bier, Tinto, roter Wein
in ausgedorrte Leiber rein.

Von manchem Reiterkameraden
ist was Besonderes zu sagen:

Schon in Madrid sah man den Herrn,
der füllt den Airport mit viel Lärm
Man hört beim Schlangensteh'n berichten
die allerdollsten Reitgeschichten.
Er plaudert und erzählt sehr offen,
wann, wo und wie er was gesoffen
und untermalt die ganzen Mätzchen
mit „Herzchen" hier u. dort mit „Schätzchen".
Doch weil sein Herz am rechten Platz
wurd' er beschenkt mit einem Schatz.
Die Jean, die wortkarg und verkaltet,
hat er zur heiteren Frau entfaltet.

Die Kleinste aus der Reitercrew
war Daniela – noch sehr new.
In der Bluse der Gestreiften
schon ganz stramme Brüste reiften.
Sie ritt meist hinten und nicht vorn
und war genannt das „Streifenhorn".
Sie knüpft Kontakte gegen später
zu unserem „Zäpfli" – dem Hans Peter.
Er hat das allerschönste Pferd
und ist der Romy lieb und wert.
Auf Zini zeigt gekonnt er Pose
in seiner Reiterunterhose.
Wenn er nen Witz macht, sitzt der toll,
auf Deutsch spricht er recht salbungsvoll.
denn neben ihrem Reitertriebe
genossen sie auch noch die Liebe.

Einer zeigt sich nie als Nackter
doch exponiert er stets Charakter.
Er war von Anfang Sonderklasse,
er mischt' sich selten in die Masse,
er war – und mit ihm Ursula
viermal in Andalusia.
Mit Gummistiefel und Khakihut
als Kamerad ist er sehr gut.
Wim wirkte auf die Mehrheit hier
als der „Kolonialoffizier".

Jeannette bekam Chilli von der Koppel
der hat acht Tag mit ihr gehoppelt
bis sie crazy war geschüttelt.
Dieser Stress ging erstmals weg
beim „Crazy-Dance" in Diskothek.

Als Reiter noch sehr neu, das weiß er
saß massig er auf seinem Beißer.
Der Heijo ritt durch Spanien – wuchtig -
die Stiefel blank – die Hemden buchtig
am Hut das Leopardenfell
das Pferd war nur bei Fressen schnell.
Galopp war für ihn eine Qual
er war der „Burengeneral".
Einmal hatte er den Schaden;
er wusste nicht dass Pferde baden.
Ich werd' ihn darum nicht vergessen
wie er – gestiefelt und gespornt –
im Teich gesessen.

Der andre Freund vom Ruhrgebiet
war ein wichtiges Gruppenglied.
Weil er häufig freundlich lachte
mit Heijo gute Witze machte.
Er ist ein Reiterfreund gewesen
beim Trinken, Reiten und am Tresen.
Ein Wort von ihm behalt ich auch
„man ist ein Krüppel ohne Bauch".

Für Christian und die Magdalena
war diese Reise noch viel schöner
So hatte dieses Spanienreiten
viel verschiedene schöne Seiten.

Doch droh'n in Spanien da Gefahren
die mir noch nie begegnet waren.
Kaum fing man richtig an zu knutschen
fangen die Betten an zu rutschen
und kommt die Liebe dann in Schwung
setzt einer an zum „Todessprung".
Hier muss ich etwas kritisieren
am Bett lässt sich was optimieren.

Die Romy führt mit sichrer Hand
heiter, bissig und charmant.
Alfredo führte satt das Steuer
das Essen schmeckte ungeheuer
die Reise, die war richtig reif
erlaubt, dass ich das Gläschen greif
auf euer Wohl den roten Trank
vielen Dank.

Christian Schudt

Unsere Finca, El Santiskal, Andalusien, war unsere erste Station.

Lang, lang war der Weg

Ein kühler Trank

Freund Uli

An der Mittelmeerküste

Pause für Pferd und Reiter

Vorbei an Zuchtstieren

„Er wusste nicht, dass Pferde baden…“

Ein Hengst

Alfredo

Römische Ruinen von Bolonia

Ein braves Pferd

Kapitel 18

Mit Demut auf die Knie

1984 – ich wollte wie mein Vater alles auf einmal machen. Unser Traumhaus war fertig, meine zweite Expedition in die Arktis mit großartigem Erfolg abgeschlossen, und in der Firma ließen sich meine Vorstellungen realisieren.

Die häufigen Geschäftsreisen, vielfach mit meiner Frau, ins In- und Ausland brachten Entspannung, aber auch Stress. Die der Gesundheit „vorgetäuschten“ Jagdreisen an Wochenenden, selbstverständlich kam man mit schnellen Autos überall hin, brachten Entspannung mit Freunden, zehrten aber letztlich an der Substanz.
Ohne Rücksicht, immerhin ging ich auf die Fünfzig zu, packte ich alles an.

Kein Wunder, dass sich jetzt langsam der Körper meldete.
Ich bekam Schmerzen im Rücken und den Schultern. Besonders nachts hatte ich unerträgliche Schmerzen. Selbst im Sessel sitzend, war es unmöglich, die schlaflosen Stunden durch Lesen zu vertreiben.
Ärzte, Kliniken aller Richtungen suchte ich auf. Diverse Röntgenbilder, vornehmlich von der Rückenpartie, wurden gemacht.
Immer das gleich Resultat. Die Ärzte konnten keine Diagnosen stellen, vertrösteten mich, und ich war kurz vor der Aufgabe.
Spezialisten für Rheuma, Nerven etc. fanden im Rücken oder anderen Stellen nichts. Mit meinem Hausarzt stand ich schon auf Kriegsfuß.

Dann bekam ich einen Hinweis von Prof. von Andrian-Werburg, Rheumatologe am St. Barbara-Krankenhaus.
„In Moers gibt es eine junge Ärztegruppe, die haben für ein neues Verfahren – MRT – eine große Maschine angeschafft. Termine sind fast ausgebucht.“

Ein Strohhalm ?

Sofort nahm ich Kontakt auf, und wer auch immer meine Worte formte, ich bekam einen kurzfristigen Termin, am nächsten Dienstag 14.00 Uhr.

Mit meiner Frau saß ich brav im Wartezimmer, bis endlich die Schwester uns in einen Raum mit einem „Kanonenrohr“ führte.
Ausziehen, alle Metallteile wie Ringe, Kettchen etc. ablegen.
Aufgeschnallt auf einem „Gleitbett“, wurde ich mechanisch in die Röhre gefahren. Meine Schultern „sprengten“ fast die Röhre, der Durchmesser war zu klein. Wenn ich die Augen öffnete, hatte ich vielleicht 5 cm bis zur Rundung. (Heute hat man einen simplen Spiegel,

schräg gestellt, welcher Gelegenheit gibt, Sichtkontakt mit dem Vorraum zu haben.) Platzangst machte sich bei mir breit.

Vom Arzt war ich vorher auf starke Geräusche aufmerksam gemacht worden, welche wie ein Maschinengewehr die Aufnahmen im wahrsten Sinne des Wortes schossen.
25 Minuten dauerte der Akt. Alle Kraft musste ich aufnehmen, um nicht auf den „Warnballon" in meiner Hand zu drücken. Meine Augen hielt ich absolut geschlossen.

Endlich war diese Tortur zu Ende. Meine Liege fuhr mich wieder in die Wirklichkeit.

Wie neu geboren, jedoch nervlich fix und fertig, sollte ich nun mit meiner Frau warten. Der Arzt wollte die Aufnahmen aus der Magnet-Resonanz-Tomografie direkt auswerten.
Das hieß warten. Meine Frau und ich beobachteten die Schwester, wie sie aufräumte und die Anlage säuberte.-

Endlich kam der Doktor mit einem traurigen Gesicht aus seiner Kammer. Nicht weil er etwas gefunden hatte, nein, weil er nichts gefunden hatte!
Wir unterhielten uns eine Weile, vielleicht wurde dabei auch die Jagd gestreift, bis er sagte: „Ich habe den ganzen Rücken detailliert untersucht, aber die Halswirbel nicht. Sie müssten noch einmal auf die Liege!"
Vehement lehnte ich ab. Vielleicht nächste Woche. – In der nächsten Woche wird das Gerät überarbeitet, Sie könnten nach Köln, da habe ich einen Kollegen.......
Schließlich stimmte ich zu, und die für mich kaum zu überwindende Prozedur erfolgte, jetzt nur 10 Minuten, erneut. –
Ich war schließlich auch hier mal am Ende, und das Gerät hatte seine Arbeit getan.

Während der Arzt in seine Dunkelkammer ging, nahm mich meine Frau in den Arm.

Nach einer gewissen Zeit kam eine Stimme aus dem Entwicklungsraum: „Herr Michel, wir sind auch Jäger, wir haben etwas gefunden, kommen sie mal!"
Direkt vorsichtig betrat ich den Raum und sah im Dunkeln diverse Röntgenbilder in den Leuchtkästen an der Wand. Die Stimme des Doktors: „Schauen sie mal hier, auf den 5. Halswirbel, dort ist eine Geschwulst im Nervenkanal des Rückgrades. Alle Nerven werden auf das Äußerste gequetscht.
Ich empfehle dringende Operation – die Aufnahmen schicke ich Ihnen morgen!!"

Endlich eine Antwort – warum, woher die nun seit fast zwei Jahren anhaltenden Schmerzen!

Gegen Mittag des übernächsten Tages, es war ein Freitag, war ich bei meinem Rheuma-Professor im Duisburger Norden, er hatte mir den MRT-Hinweis gegeben.

„Oh, das ist nichts für mich, ich will aber mal eben telefonieren!"

Aus dem Nebenzimmer zurück, sagte er mit ernsten Augen zu mir: „Kennen Sie das Krankenhaus am Kalkweg, im Duisburger Süden?"
„Ja, selbstverständlich!"
„Fahren sie direkt dorthin, Prof. Bettag wartet auf Sie!"

Keine Zeit konnte uns aufhalten, schnell fanden wir über die Stadtautobahn den Weg zu den Städtischen Kliniken am Kalkweg im Duisburger Süden.

Fast hektisch suchten und fanden meine Frau und ich Herrn Prof. Bettag, welcher schon auf uns gewartet hatte. Ein Blick auf die in den Leuchtkasten geschobenen Bilder, und er rief sofort seine Mannschaft zusammen.

Kurze Information an seine Herren, anhand der Aufnahmen, sowie klare Anweisung an mich und den Hinweis auf eine mehrstündige Operation um 14.00 Uhr.

Verabschiedung von meiner Frau, mit tiefem Blick in die tröstenden Augen, und schon wurden die ersten Spritzen gesetzt.

Alles lief bestens, Prof. Bettag hatte seine Arbeit wohl getan. Die Operation dauerte 2½ Stunden.

Zwei Tage später kam die leitende Schwester an mein Bett mit folgenden Worten:

Der Professor hat vor der Operation zu mir gesagt: „Richten sie alles her und treffen Vorbereitungen, denn Herr Michel kommt wahrscheinlich gelähmt aus dem Operationssaal.“–

Die zunächst noch strenge Bettruhe hinderte mich sicher daran, nicht sofort demütig auf die Knie zu fallen.

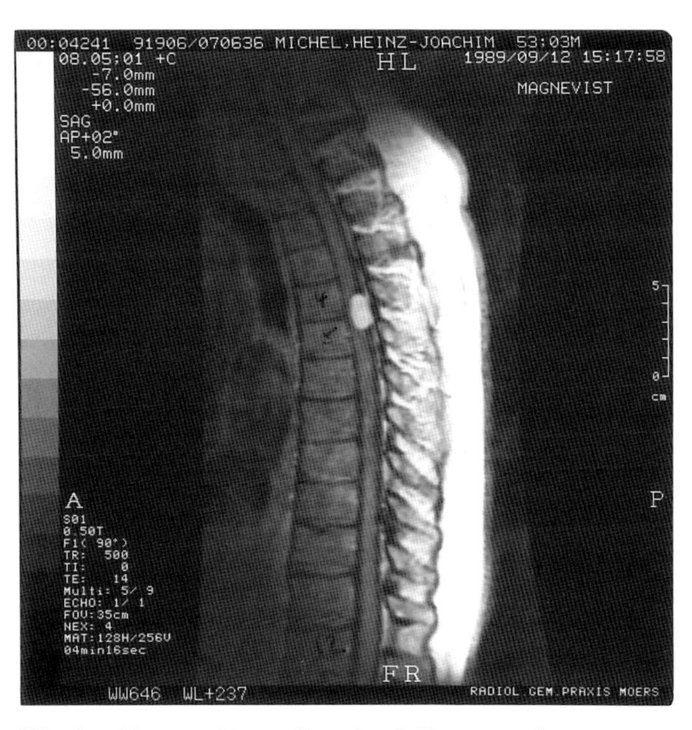

Wenige Tage später wäre eine Lähmung eingetreten

Mit Freunden in der Karibik

Unser neues Büro, Fertigstellung 1998

Carole aus USA, Daniel und Petra

Kapitel 19

Der Puma von Idaho

Ich hatte gelesen, in den Vereinigten Staaten von Amerika, im Staate Idaho, gibt es die stärksten Pumas. Nur natürlich, dass man sich damit mal beschäftigte.

Die zoologischen Daten hatte ich schnell bei der Hand:
Der Puma oder Silberlöwe führt den wissenschaftlichen Namen Felis concolor, was soviel wie einfarbig bedeutet. Er zählt zur Gattung Kleinkatzen, Felini; Ordnung Raubtiere, Carnivora; Klasse Säugetiere, Mammalia. Die häufigste Bezeichnung in den USA ist der von den Ureinwohnern kommende Name „puma".
Die Azteken nannten ihn Mizli, bei einigen Indianerstämmen heißt er heute noch Mischippichin. In Brasilien nennt man ihn schließlich „Onca vermelha". Im Westen der USA setzt sich der Name „Cougar" immer mehr durch.
Er ist ein eleganter, kraftvoller Räuber. Eine stolze und seltene Trophäe für einen europäischen Jäger, und er bleibt eine starke jagdliche Herausforderung. Die Puma sind beindruckende, wunderschöne Tiere. Sie erreichen eine beachtliche Größe und ein Gewicht von deutlich mehr als 100 kg (Kuder). Der stärkste bisher dokumentierte Puma stammte aus Arizona und wog 135 kg. Bei einer Länge von 260 cm und Schulterhöhe von 85 cm.
Seine kräftigen Schultern und Läufe, seine äußerst biegsame Wirbelsäule, befähigen den Puma zu kraftvollen Sprüngen. Mit einem einzigen Satz kann er 13 Meter überwinden. In einen Baum schafft er mit einem Sprung fast 7 Meter. Sein Farbenspektrum der Decke reicht von einem gleichmäßigen Rötlich- oder Gelblichbraun im Süden bis zu Silbergrau in nördlichen Regionen. Der Bauch ist immer heller, Brust und Kehle sind weiß, die Rute endet mit einer schwarzen Spitze. Der Puma ist ein ausgesprochener Einzelgänger. Abgesehen von Katzen mit ihren Jungen, leben und jagen sie alleine. Sie werden durchschnittlich 10 Jahre alt.
Nach Einführung strenger Schutzbestimmungen ist der Bestand gesichert, man schätzt die Zahl auf etwa 25 000 Stück. Von einer gefährdeten Wildart kann man daher heute nicht mehr sprechen.

Auf der Messe „Jagd und Hund" im Januar jeden Jahres in Dortmund hielten meine Frau und ich diesmal Ausschau nach Jagdmöglichkeiten auf Puma.

Harvey Whitten, ein Professionel Hunter aus Idaho, USA, machte einen guten Eindruck, und spontan schloss ich einen Vertrag.

Der Jagd auf den Puma werden Erfolgschancen meist nur bei der Jagd mit Hunden gegeben. Man nimmt dazu häufig zwei oder drei gut abgerichtete, hochläufige Bracken, die an einer frischen Spur angesetzt werden. Bei einer manchmal langen Hetzjagd veranlassen sie den Puma zum Aufbaumen und verbellen ihn, bis der Jäger heran ist. Besonders reizvoll ist die

Pumajagd im März in den Rocky Mountains. Es ist jedoch beste Kondition erforderlich, um den Jagdhunden möglichst schnell folgen zu können. Was es bedeutet, im Tiefschnee durch schwieriges Gelände oder dichten Busch zu stürmen, brauche ich wohl nicht näher zu erläutern.

Denn wenn die verbellenden Hunde müde werden, kommt der Zeitpunkt, wo der Puma sie als Nahrung betrachtet und schlägt. Es soll öfter passieren, als man in unseren Breiten meint. Die Jagd auf Puma ist die einzige Jagd mit Hunden, die in USA erlaubt ist.

Mir blieben nur wenige Wochen Vorbereitungszeit und Konditionstraining. Denn die Jagd auf Puma im winterlichen, tiefverschneiten Busch verhieß einiges an Strapazen, denen ich in etwa gewachsen sein wollte.

Wann immer meine Zeit es erlaubte, unternahm ich längere Wanderungen mit meinen Hunden.

Das Hauptkriterium bei der Pumajagd ist, den spurlauten Hunden, welche den Puma zum Aufbaumen gebracht haben, so rasch folgen zu können, dass der Silberlöwe noch im Baum überrascht werden kann.

Meine Sorge dabei war, solange man sich im dichten Busch oder hohen Altbeständen bewegte, war das Vorwärtskommen durch den Schnee nicht so schlimm, aber an lichteren Stellen konnte man bei festem Altschnee bis zu den Knien einsinken.

Eine Reise Ende März zu den Schwiegereltern nach Montreal nahmen meine Frau und ich gerne zum Anlass, uns die Legende von den starken Pumas in den nördlichen Rocky Mountains bestätigen zu lassen.

Tatsächlich wird der Puma, je weiter nach Norden in Amerika, von der Körpergröße immer stärker. In Mexiko kann man ihn noch, von der Größe her, vergleichen mit einem Leoparden, in den Rocky Mountains von Idaho schon eher mit einer Löwin.

Unser Flugziel war zunächst die Hauptstadt Idahos, Boise, dafür mussten wir fast den amerikanischen Kontinent queren. Interessant und sehenswert ist hier das Parlamentsgebäude. Eine Kopie oder Nachbau des Parlamentgebäudes in Washington, von den Ausmaßen jedoch kleiner, aber gut gelungen. Unser Professionel Hunter holte uns vom Flugplatz ab und fuhr uns ca. 250 km durch eine bezaubernde Gebirgslandschaft, mit stellenweise viel Schnee, denn es war Februar 1993. Unser Ziel: ein unberührtes Dorf, in welchem man die Ruhe scheinbar gepachtet hatte – Riggins.

Eine Ortschaft mit 530 Einwohnern, in 600 Metern Höhe. Sehr bekannt geworden durch den hier gedrehten Film „River of no return" mit Marilyn Monroe und Robert Mitchum.
In der Umgebung von Riggins spürt man die Natur als Schrittmacher des Lebens. Das Leben scheint ohne Hektik, denn Tiere, Pflanzen und Fische haben alle noch ihren Teil am sauberen Wasser und sauberer Luft. Hier herrscht eine Atmosphäre, die selten vom nervösen Tourismus gestört wird. Die überschaubaren bewaldeten Berge und Täler, die klaren Flüsse mit ihren vielen Stromschnellen sind die Heimat für Schwarzbären, Wapitis, Maultiere, Weißwedelhirsche sowie Pumas und Luchse.

Eine größeres Blockhaus mit Anbau, direkt an einem kleinen Fluss, die Heimstatt von Ray, unserem Guide, war unser Domizil.

Gejagt werden sollte mit einem Skidoo, welcher zwei Schlitten mit mehreren Hunden hinter sich herzog. Hat man im Schnee eine aussagefähige Pumaspur gefunden, werden die Hunde geschnallt........ Ich freute mich auf den nächsten Tag.

Zur Nacht hatte ich mit meiner Frau Lisa noch ein eingehendes Gespräch. Sie sagte: „Du willst also den Puma, der sich vor den Hunden auf einen Baum gerettet hat, einfach herunterschießen, ist das denn waidgerecht?“

Ich erklärte ihr meinen Standpunkt zur sogenannten Waidgerechtigkeit.
Das Herz kann dem Verstand und die Leidenschaft dem Gewissen nicht weglaufen. Wenn der Mensch jagt, dann ist er ganz Mensch und nur mit sich vergleichbar. Und sein Herz entscheidet bei dem Begriff Gut und Böse, was er dann auch unbeirrbar erkennt. Diese Deutungen übersetzt er in eine schlichte Sprache, in natürlich und unnatürlich.
Wenn man darüber nachdenkt, können sie auch gar nichts anderes bedeuten. Was sollte wohl schon schlecht sein, was natürlich ist! Natürlich – der Natur entsprechend und ihren inneren Kräften. Das ist kein Spiel mit Worten, denn jeder weiß, dass der Mensch ein Teil der Natur ist, dass „natürlich“ für den Menschen nicht tierhaft ist. Und solche Art von Natürlichkeit ist wiederum dem Jäger höchstes moralisches Ziel.
Die Moral des Jägers heißt Waidgerechtigkeit. Aber Waidgerechtigkeit und jagdliches Können sind nicht dasselbe. Das Können hat seine Wurzeln im Instinkt, in der Vertrautheit mit der Natur, in der schnellen Entscheidung und nicht zuletzt auch in der Schussfertigkeit des Jägers. Die Waidgerechtigkeit liegt im Menschlichen. Sie ist die Ehrfurcht vor dem Leben und der Versuch, sich in der Natur im ganzen wiederzufinden. Sie will jeweils das Beste tun und die eigenen Triebe beherrschen. Hier ist schließlich das Gewissen der Maßstab.

Ray hatte recht zeitig zum Wecken „geblasen“. Ein kräftiges amerikanisches Frühstück mit Eiern, Speck, Bohnen und Bratkartoffeln machte mich munter.

Dann wurde die Strategie des Spezialisten der Pumajagd umgesetzt. Zunächst mit dem Aufbau von drei Gruppen.

Ein Jäger suchte alleine mit zwei Hunden, Ray mit mir und drei Hunden. Sie kamen einfach in große Kisten, die auf Schlitten befestigt waren. Die beiden Schlitten wurden an die Skidoo „gekoppelt“. Ein weiterer Guide mit Helfer bildete die dritte Gruppe. Per Funk waren sie alle miteinander verbunden.

Gejagt werden sollte auf der rechten Seite des zu Tal fließenden „River of no return“. Dieser war eingefasst von Bergen bis 1500 Metern. Zunächst hatte jede Gruppe, die später auf sich allein gestellt war, die Aufgabe, eine aussagefähige Pumaspur zu finden.

Schnee war überall reichlich. Ohne Rücksicht fuhr der Naturbursche Ray immer nahe am Ufer des Flusses. Langsam verteilte sich die Gruppe. Zuerst war Harvey mit seinen zwei Hunden in die Berge gestiegen.

Ein nie zu vergessenes Erlebnis war, wenn Ray den Fahrweg neben dem Fluss, welcher teilweise durch Schneewehen oder Schneerutschen das Dreieck Bergrand – Ufer vollständig ausgefüllt hatte, diese Schräge waghalsig, jedoch langsam befuhr. Der Fluss fiel vom Uferrand ca. 2 – 3 Meter in die Tiefe. Man sah raue Felsformationen mit Eis gemischt. Eine wahre Höllenfahrt. Ray hatte aber bald einen Bergeinschnitt gefunden, welcher ihm einen Weg in die Höhe zeigte.

Nach etwa einer guten Stunde die erste Spur. Von der Größe nicht das Erhoffte, aber er wollte den ersten Versuch machen.

Der Schnee war mindestens ½ Meter hoch – oder tief, je nachdem, wie man das sehen will. Die Hunde kamen aus ihren Kisten und wurden an lange Lederriemen gebunden. Der Leithund wurde mit einem Funkgerät unter dem Hals ausgestattet. Es konnte nun sein, dass wir den Vierbeinern jetzt einige Kilometer folgen mussten. Das wird eine Strapaze, dachte ich.

Ray war mit seiner Arbeit noch nicht ganz fertig, da meldete sich Harvey über Funk. – „Eine starke Spur, hoch im Berg, verliert sich in einer Felshöhle, der Puma steckt!"

Wie von der Tarantel gestochen, nahm Ray das eben Ausgepackte, warf es einschließlich der Hunde in die Kisten, und es hieß Aufsitzen. Die Bergabfahrt nahm er in fast schon unvorstellbarer Weise. Die Schrägen am Flussufer wurden mit Karacho bewältigt, wie ich es mir vorher nie hätte denken können. Ich glaubte schon, nicht mehr lebend davon zu kommen, und überlegte, wieviel Sand in meiner persönlichen Eieruhr noch wäre.

Ganz erstaunt kam ich zu mir, als Ray sein Gefährt anhielt. Ich hatte alles tatsächlich lebend überstanden!

Eilig wurden die Hunde angeleint. Ich nahm meine bewährte Repetierbüchse, 7x64 R, denn Ray zeigte nur mit der Hand nach oben.

Ein relativ steiler Hang, bestanden mit lichtem Altholz, vorwiegend Fichten, lag vor mir. Zuerst ging es ja noch leidlich und ich fand den Weg durch Unterholz, Schnee und Dornen. Ray wurde fast von seinen Hunden gezogen. Meinen Blick zu ihm schien er zu verstehen; er nahm meine Waffe.

Je mehr wir an Höhe gewannen, müsste man den Laut der Hunde doch langsam hören, ging es mir durch den Kopf. Aber es dauerte. Im Tal sah ich den River of no return, kleiner und kleiner werden. Auf diesem direkten Aufstieg fand ich zwei schwere, geweihte Wapitis. Sie waren abgestürzt und hatten sich an starken Bäumen verfangen. Die Kälte gab ihnen noch die Natürlichkeit.

Langsam kamen wir der Höhe näher, endlich hörte ich Hundegeläut, und bald sah ich Harvey. Er schwenkte kräftig seine Arme, mahnte zur Eile. Alle Kräfte wurden noch einmal mobilisiert. Und dann standen wir vor gewaltigem Felsgestein, überall hoch verschneit, wo keine Spalten und Öffnungen waren.

Den Puma hörte man öfter fauchen und knurren!

Im Normalfall, wie bereits erwähnt, rettet sich ein Puma nach langer Hatz vor der jagenden Hundemeute in die Krone eines starken Baumes. Hier hatte er nun die „Felsenburg" direkt am Hang gewählt.

Ein neuer Plan wurde gemacht.
Zunächst alle Hunde angeleint. Danach ein möglichst qualmendes Feuer entfacht, mit der Windrichtung Höhleneingang, und mich stellte man hart an den „Rand des Abgrundes". Ich wurde so platziert, dass ich gerade noch den Haupteingang der Höhle sah, aber trotzdem durch die Felsen leidliche Deckung hatte.

Die Entfernung für einen richtigen Schuss war sehr kurz. Mit der entsicherten Waffe in der Armbeuge, harrte ich nun der Dinge.

Die beiden Guides waren „aus dem Wind“, das kleine Feuer qualmte langsam. Der Rauch nahm die gewünschte Richtung, und der Puma wurde schon lauter!

Man muss sich jetzt nur vorstellen, der eigentliche Höhleneingang hatte, nach links und rechts, zwischen dem Felsgewirr seinen Ausgang.

„Plötzlich“ ein wildes Fauchen und der Puma „schoss“ geradezu aus dem Felsen. Zum Anschlagen der Waffe hatte ich keine Zeit, aus der Hüfte warf ich den Schuss ungezielt auf das große Tier, welches quasi im selben Moment blitzschnell wendete und wieder in der Höhle verschwand. Alles ging so schnell, dass ich meinte, auf einen Schatten geschossen zu haben. Meine beiden Jagdfreunde kamen mit beruhigend erhobenen Händen aus ihrer Deckung, während wir gleichzeitig ein erneutes Fauchen und Klagen des Pumas hörten. Ray mahnte zur Ruhe und gleichzeitigem Warten.

Bei der Untersuchung der Anschussstelle fanden wir etwas dunkelroten Schweiß, ich hatte also getroffen.

Nach einiger Zeit, immer wieder erklangen Klage- und Warnlaute, winkte mir Harvey zu. Er wollte mit mir in den Höhleneingang!!!
Zuerst schaute ich ihn an, als wenn ich seinen Zuruf nicht richtig verstanden hätte. Dann sah ich aber durch seine Taten, dass es ihm ernst war.

Der Höhleneingang war fast quadratisch, etwa 80 x 80 cm und ca. 70 cm tief. Rechts fester Fels, links geschichtete, unregelmäßig starke Platten, mit Spalten bis in die Höhle.
Vor mir eine weitere Stufe und davor feiner Sand. Links fehlte von der Wand etwa 30 cm Fels, und dort war der Einschlupf.
Harvey ließ sich zunächst meine Waffe geben, bugsierte sie in eine der größeren Spalten links des Einstieges. Dann winkte er mir zu.

Wir beide hatten nun fast den quadratischen Einstieg mit unseren Körpern ausgefüllt. Der Puma fauchte und stöhnte.
Ich führte jetzt das flach liegende Gewehr, Harvey versuchte dann, den Lauf der Waffe nach den Geräuschen des Pumas auszurichten, und sagte dann leise „shot“!
Wem habe ich auf der Jagd, in besonderen Situationen, schon allen vertraut. Es geht manchmal nicht anders.

So stabilisierte ich die seitlich liegende Waffe und zog den Abzug durch.
„Er ist ja verwundet und ich muss ihm den Fangschuss geben“, hatte ich noch im Kopf, als ein dumpfer Knall die leichtsinnige Situation bestätigte.
Im selben Moment stand nämlich zähnefletschend der Puma mit fürchterlichem Fauchen auf dem hellen Sand der Einschlupfebene. Alles währte nur Sekunden. Instinktiv hatte ich mich mit dem Rücken an die Felswand gedrückt – um ihm eventuell Platz zu machen, wenn er springen sollte. Die Waffe lag noch in der Felsspalte.
Doch der Puma verschwand blitzartig wieder in seiner Höhle.
„Nichts wie raus hier, bist du eigentlich wahnsinnig“ schimpfte ich mit mir selbst und kletterte aus dem Loch.
Harvey folgte und wir warteten zunächst mal eine Zeit.

Schon bald hörten wir schwächeres Klagen, und das mit größeren Pausen. Schließlich war er verendet.

Mir fiel eine Last vom Herzen, denn ungern möchte ich bei der Jagd, dass ein Tier leidet. Gleichzeitig spürte ich einen Schwindel, sah alles verschwommen, so, wie wenn man unter Wasser die Augen öffnet. Meine Glieder wurden immer schwerer, und ich suchte schnell einen Platz zum Ausruhen.

In der Zwischenzeit hatten meine Jagdfreunde große Mühe, den schweren „Berglöwen" aus der Höhle zu zerren.
Er lag auf einem erhöhten Felsen in ganzer Größe. Jetzt konnte ich ihn anfassen. Ein ausgesprochen starker Kuder. Ich freute mich sehr, aber immer wieder in solchen Momenten kam das Gefühl der Wehmut.-

Beim Abtransport wollte Bill den Puma hinter sich herziehen, wie ein Bündel Holz. Aber mir war angst und bange um das schöne Fell. Ich bat ihn daher, den Puma über beide Schultern zu tragen, was er dann auch tat.
Am Beginn des steileren Hanges „rutschte" er ihm rein zufällig von der Schulter und fiel, sich wieder und wieder überschlagend, in die Tiefe, bis wir ihn nicht mehr sahen.
Ich war in Sorge um das schöne Fell, bzw. konnte er sich auch die Reißzähne an dem Felsgestein zerschlagen.

Mein „Abgang" war fast beschämend. Ich war dermaßen fertig, dass ich mich schließlich auf meinen ledergeschützten Hintern setzte und wie ein Junge rutschend die Strecke nahm. Meine Hände waren von den Dornen, Felsgestein und Eis dermaßen verkratzt, es sah einfach schlimm aus, aber anders hätte ich es nicht geschafft.
In solchen Momenten sage ich mir immer, diese Menschen, deine Jagdführer, siehst du nie wieder, also richte dich nach deiner Kraft, die eines normalen „Flachlandtirolers".
Endlich waren wir bei unseren Skidoos wieder alle versammelt, und sie schüttelten mir noch einmal die Hand.

Die Nacht begann sich langsam über das Tal zu senken, und ruhig, fast in einer Prozession, ging es heimwärts.
Ich war tief beeindruckt von der Landschaft. Im flackernden Licht des Skidoo-Scheinwerfers, sah ich rechts von mir den River of no return über seine Klippen springen, über mir die schillernden Wolken am Nachthimmel, ich war einfach glücklich.
Ich fragte Ray nach den Lichtspiegelungen in den Wolken, ob es sich hier um das sogenannte Nordlicht handelte.
Er sagte: „Es sind leuchtende Nachtwolken, silbrig bis perlmuttartig, schillernde faserige Wolken. Meist sind es Staub- oder Eiskristallwolken in rund 80 km Höhe, die von den Sonnenstrahlen noch getroffen werden, wenn es auf dem Erdboden bereits dunkel ist. Sie entstehen als Staubwolken während großer Sternschnuppenschwärme oder nach heftigen Vulkanausbrüchen. –

Meine Frau drückte mich fest und herzlich, hatte sie doch ihren Mann mal wieder gesund zurück.

„River of no return“, Idaho 1993

Mein Puma

Zurück zum Blockhaus

Lisa ist immer froh, wenn ich wieder da bin.

Es war nicht ungefährlich, aber ich war glücklich

Lisa freut sich mit mir

Kapitel 20

Ehre, wem Ehre gebührt

Ein großer Tag in meinem Leben war sicher auch die Verleihung des Bundesverdienstkreuzes am Bande der Bundesrepublik Deutschland.

Irgendwann, es lag Jahre zurück, war wohl eine undichte Stelle, welche die Möglichkeit einer Verleihung andeutete.

Nicht verhehlen möchte ich, dass eine Ehrung in dieser Gestalt mir nicht unangenehm war. Es vergingen aber noch Jahre, bis ich eines Tages vor diese Tatsache gestellt wurde.

Eine Feierstunde im Rathaus war angesetzt, und ich hatte die Möglichkeit, eine größere Zahl von Gästen einzuladen.

Gerne gebe ich die Rede von Frau Oberbürgermeisterin, Frau Bärbel Zieling, wieder.

Rede der Oberbürgermeisterin der Stadt Duisburg, Frau Bärbel Zieling, anlässlich der Aushändigung des Bundesverdienstkreuzes am Bande an Herrn Heinz-Jochim Michel am Montag, dem 25. November 2002, 11.00 Uhr, im Mercatorzimmer des Rathauses am Burgplatz:

Sehr geehrter Herr Michel,
sehr geehrte Frau Michel,
meine sehr verehrten Damen und Herren,

ich begrüße Sie sehr herzlich zu dieser Feierstunde im Mercatorzimmer des Duisburger Rathauses und freue mich, dass Sie der Einladung heute Morgen haben folgen können.

Hier, in der guten Stube des Duisburger Rathauses, empfängt die Stadt Duisburg traditionell ihre Gäste aus aller Welt. In diesem Raum werden die meisten Eintragungen in das Goldene Buch der Stadt Duisburg vollzogen, wichtige Vereinbarungen oder Verträge unterzeichnet und, wie heute, Ehrungen vorgenommen. Hier werden Auszeichnungen, die die Stadt Duisburg selbst vergibt, ebenso überreicht wie im Auftrag des Bundespräsidenten die Verdienstorden der Bundesrepublik Deutschland.

Seit 1951, dem Jahr, in dem der erste Bundespräsident unserer Republik, Theodor Heuss, den Verdienstorden gestiftet hat, sind in Duisburg gut 700 Bürgerinnen und Bürger mit ihm ausgezeichnet worden. Damals wie heute ist dieser Verdienstorden sichtbares Zeichen der

Anerkennung des Staates für Bürgerinnen und Bürger, die sich in besonderer Weise um das Allgemeinwohl verdient gemacht haben. Damals wie heute ist die Ehrung zugleich eine besondere Form des Dankes für gemeinwohlorientiertes und solidarisches Handeln, ohne das ein Zusammenleben in unserer Gesellschaft wohl nicht so gut funktionieren könnte.

Heute sollen Sie, sehr verehrter Herr Michel, für Ihre Verdienste geehrt werden. Verdienste, die Sie sich insbesondere in dieser Stadt erworben haben. Sehr gerne bin ich insofern Ihrem Wunsche nachgekommen, die heutige Ehrung nicht an Ihrem Wohnort Mülheim an der Ruhr, sondern in der Heimatstadt und der Stätte Ihres Wirkens vorzunehmen – bestätigt er doch einmal mehr Ihre stets zum Ausdruck gekommene Verbundenheit zu Duisburg.

Seit 1924 ist die Familie Michel durch die Rheinische Isolierwerke GmbH fest mit Duisburg verwurzelt. Rund 28 Jahre ist es her, dass Sie, sehr geehrter Herr Michel, die Leitung des von Ihrem Vater gegründeten Unternehmens übernahmen. Sie leiteten die Expansion des Unternehmens ein und investierten in neue, zukunftsträchtige Branchen. Aus RIW, der Rheinische Isolierwerke GmbH, wurde 1982 die RIW-Holding AG, wobei RIW nunmehr für Rheinische Industriewerke steht. Unter ihrem Dach befinden sich mehrere international agierende Tochtergesellschaften, in denen über 250 Mitarbeiter beschäftigt sind, und deren Umsätze das zehnfache dessen betragen, was die Firma 1974 erwirtschaftete.

Meine Damen und Herren, bereits diese wenigen Hinweise belegen eindrucksvoll, dass Heinz-Joachim Michel erfolgreicher Kaufmann und Unternehmer ist. Doch nicht dafür wird er heute geehrt, denn berufliche Leistungen und Verdienste um das eigene Unternehmen stellen keine Voraussetzungen für die Verleihung des Bundesverdienstkreuzes dar.

Sie, sehr geehrter Herr Michel, erhalten das Verdienstkreuz am Bande, weil Sie als engagierte Unternehmerpersönlichkeit nicht nur Ihren Betrieb für die Herausforderungen einer globalisierten Wirtschaft gerüstet und damit Arbeitsplätze langfristig gesichert und neue geschaffen haben, sondern weil Sie sich auch darüber hinaus Ihrer Verantwortung gegenüber der Gesellschaft bewusst sind und diese glaubwürdig wahrnehmen.

Verantwortung übernehmen, etwas bewegen, gestalten und aufbauen sind Stichworte, die nicht nur zum Unternehmer Heinz-Joachim Michel passen. Sie gelten zugleich für sein Engagement für diese Stadt und insbesondere für Ruhrort. Sie, sehr geehrter Herr Michel, begreifen Wandel als Herausforderung und treten dieser Herausforderung mit Übersicht und Weitblick entgegen.

Sie haben einmal gesagt, dass Krisen auch Chancen für Unternehmer seien. In Ruhrort wurden diese Chancen genutzt, und die Stadt, der Stadtteil und die Menschen durften davon profitieren.

Ihnen allen, meine Damen und Herren, dürfte bekannt sein, dass Ruhrort Ende der 80er Jahre nicht nur unter strukturellen Problemen, sondern auch städtebaulich noch immer unter den wenig behutsamen Sanierungsmaßnahmen der 60er Jahre zu leiden hatte.

Die RIW-Gruppe gehörte zu den ersten Unternehmen, die ihre Verbundenheit zum Stadtteil dadurch zum Ausdruck brachten, dass sie die stadtplanerischen Konzepte sowie die Planung der IBA zur erhaltenden Erneuerung Ruhrorts nicht nur begrüßten, sondern tatkräftig unterstützten.

Als die RIW-Gruppe im Jahre 1991 am Ufer des Vinckekanals als ersten imposanten Beleg ihrer noch folgenden regen Bautätigkeit den repräsentativen Neubau des Bürocenters Ost fertig stellte, sorgte dies für frischen architektonischen Wind in Ruhrort und war so etwas wie eine Inspiration für andere Firmen, sich ebenfalls in und für Ruhrort zu engagieren.

Dass Ruhrort heute für positiven Wandel in unserer Stadt steht und ein neues, modernes Gesicht trägt, ist auch dieser Initialzündung zu verdanken.

Sehr geehrter Herr Michel, im Rahmen des Ordensverfahrens wurden mir von vielen Seiten Informationen über Sie zugetragen. Da wurden Sie charakterisiert als engagierter mittelständiger Unternehmer, der mit beiden Beinen auf dem Boden der Tatsachen steht und mit gesundem Menschenverstand abwägt, worauf er sich einlässt. Mir wurde aber auch vermittelt, dass Sie sich für Ihre schriftstellerische Tätigkeit und Arbeit als Verleger auch eigener Jagdreisebeschreibungen zuweilen auf teilweise abenteuerliche Exkursionen einlassen. Und es wird wohl auch einige gegeben haben, die Ihr Engagement für die Ruhrorter Schiffswerft im Jahre 1993 für ein Abenteuer gehalten haben.

Als über dieses traditionsreiche Unternehmen wegen Zahlungsunfähigkeit das Konkursverfahren eröffnet wurde, waren Sie der Überzeugung, dass der Konkurs des Unternehmens nicht das Ende seines Betriebes bedeuten muss. In dieser schwierigen Situation haben Sie auf Arbeitnehmerbeteiligung gesetzt und maßgeblich dazu beigetragen, auf dieser Basis ein Konzept zur Weiterführung der Werft zu entwickeln und dieses nach der Gründung der Neue Ruhrorter Schiffswerft GmbH auch umzusetzen.

Als Gesellschafter und Beiratsmitglied haben Sie aktiv an der Konsolidierung und positiven Entwicklung des Unternehmens mitgewirkt und dadurch Arbeitsplätze für unsere Stadt gesichert. Dieser großartige Erfolg hat weit über die Grenzen unserer Stadt Beachtung gefunden und gilt bis heute als Vorbild für Unternehmen in vergleichbaren Situationen.

Sehr geehrter Herr Michel, auch dieser Einsatz ist ein beeindruckendes Beispiel für unternehmerisches Wirken zum Wohle der Allgemeinheit, für das ich mich – auch im Namen der Stadt Duisburg – herzlich bedanke.

Ich freue mich mit Ihnen, Ihrer Gattin und Ihren Gästen über die hohe Auszeichnung, die Herr Bundespräsident Rau Ihnen verliehen hat, und gratuliere dazu recht herzlich.

Bevor ich nun den Orden überreiche, verlese ich den Text der Verleihungsurkunde, der wie folgt lautet:

VERLEIHUNGSURKUNDE

IN ANERKENNUNG DER UM VOLK UND STAAT ERWORBENEN

BESONDEREN VERDIENSTE

VERLEIHE ICH

HERRN HEINZ-JOACHIM MICHEL

MÜLHEIM

DAS VERDIENSTKREUZ

AM BANDE

DES VERDIENSTORDENS DER BUNDESREPUBLIK DEUTSCHLAND

BERLIN, DEN 29. AUGUST 2002

DER BUNDESPRÄSIDENT

Rau

Ein feierlicher Akt

Und „er“ strahlt über alle Backen

Kapitel 21

Es zog uns in den Westen der USA

„Einmal noch nach Bombay, einmal nach Hawaii.....“, aber meine Frau und ich wollten nach San Francisco. Speziell meiner Frau Lisa lagen als Kanadierin die Metropolen San Francisco, Los Angeles, Hollywood, Las Vegas immer wieder auf der Zunge. Seitdem sie nun in Deutschland lebte, waren diese Träume noch weiter entrückt.

Da musste etwas geschehen. War nicht auch ein Besuch bei meiner Canada-Vertretung fällig, und „unsere“ Tochter Joanne mit Familie würde sich sicher sehr freuen.

Schon bald blätterten wir in den Amerikakarten und planten schon einmal.

Flug über Montreal, Toronto nach San Francisco, von dort mit einem modernen Landrover auf eigene Faust. Die Route 1 gab eigentlich schon die Strecke vor. Santa Cruz, Santa Barbara, Los Angeles, San Diego, Las Vegas, Grand Canyon, Salt Lake City, Reno.

Flüge und Pünktlichkeit sind heute keine Frage mehr. So erreichten wir nach einem Nachtflug unsere erste Station Montreal.

Kinder und Enkelkinder machten uns einen freudigen Empfang und hatten für die nächsten Tage ein kleines Programm aufgestellt, denn unser Aufenthalt von einer Woche sollte uns ja gefallen. –

Der Anschlussflug nach Toronto zeigte uns bei schönstem Wetter eine der herrlichsten Landschaften Nordamerikas.

Mississauga war der angesteuerte Flughafen. In weitem Bogen flogen wir über den Lake Ontario und sahen links – wir hatten die richtigen Fenster – die wild schäumenden, gewaltigen Fluten der Niagara Fälle, imposant.

Auf dem großen Airport holte uns Axel Vogt ab, er vertrat mit seiner Firma unsere Interessen auf dem Sektor Krankomponenten. Sein Vater war nach dem Zweiten Weltkrieg von Deutschland nach Canada umgezogen.

Die Familie, sie hatte drei reizende Kinder, kümmerte sich rührend um uns. Frau Vogt tischte nur die besten Sachen auf, und der Drink im gepflegten Garten rundete alles ab.

Am nächsten Tag folgten gemeinsame Kundenbesuche, und dann begann unsere eigentliche Reise.

Ein neuer Flug, diesmal quer über den amerikanischen Kontinent, und wir betraten den Boden der Metropole San Francisco. Unseren Leihwagen hatten wir telefonisch reserviert, und schon waren wir im Straßenverkehr.

Viel könnte man schreiben über die unterschiedlichen Autofahrer-Philosophien in Europa und Nordamerika. Man kann es aber auch auf einen Nenner bringen. Wer in Europa Auto fährt, für den ist nach ein paar Stunden Eingewöhnungszeit und mit ein wenig Selbstdisziplin das Autofahren in Nordamerika ein Kinderspiel. Die Amerikaner sind im Autofahren höflich und rücksichtsvoll, das Straßennetz im Prinzip vorbildlich, wenn auch ein paar Schlaglöcher mehr zu finden sind. Die Beschilderung ist logisch, wenn auch anders als bei uns, doch schließlich sorgt die Angst vor drakonischen Strafen dafür, dass die Straßenverkehrsordnung eingehalten wird. Ein kreuzungsfrei angelegtes Autobahnnetz durchzieht heute die ganze USA mit einer Länge von rund 90 000 Kilometern.

Die berühmte Bucht von San Francisco kleidet sich meist in Grau. Feucht und schwer treibt der Wind zerzauste Nebelfetzen vom Pazifik her. Plötzlich blinkt aus der eintönigen Waschküche ein roter Pfeiler, der mit Stahltrossen an den treibenden Wolken befestigt zu sein scheint. Von einer Minute auf die andere taucht die Golden Gate Bridge wie ein schwereloses Phantom aus dem Nichts auf. Zwei, drei Windstöße später sackt der nasse Wolkenbrei unter die vierspurige Brückenfahrbahn und gibt den Blick frei auf die elfenbeinfarbene Skyline am entfernten Horizont. San Francisco – kalifornisches Traumziel. Amerikas Stadt der Städte, Endstation Sehnsucht.

San Francisco nimmt zwischen dem Pazifik und der Bucht von San Francisco eine Halbinsel ein, an der berühmte Seefahrer wie Sir Francis Drake und Juan Rodriguez Gabrillo vorbeisegelten, ohne die Gunst der geographischen Lage zu erkennen. Erst 1769 entdeckte eine spanische Landexpedition die Bucht und mit ihr einen der besten natürlichen Meereshäfen der Welt. Sieben Jahre später gründeten die Spanier an dieser Stelle mit dem Presidio einen Militärstützpunkt und eine Mission.

Die Siedlung an der Bay entwickelte sich nur langsam. Walfänger aus Neuengland, russische Fallensteller, weiße Pelzhändler und Seeleute blieben nur vorübergehend, bis 1848 der kalifornische Goldrausch die Weichen für eine neue Zukunft stellte. Zu Tausenden strömten die Glücksritter über San Francisco ins Land.

1850, als Kalifornien US-Bundesstaat wurde, lebten bereits 50 000 Menschen in der Stadt. Obwohl seit 1869 über die transkontinentale Eisenbahn mit der Ostküste verbunden, blieb die Bay-Metropole eine Stadt weit jenseits der Zivilisationsgrenze, ein mit billigen Kneipen und Rotlichtbezirken bestens ausgestatteter Landepunkt für Abenteurer.

Eine brutale Zäsur in der Geschichte bildete der 18. April 1906 mit einem katastrophalen Erdbeben, das die Stadt dennoch hätte überleben können, wären nicht an zahlreichen Stellen Brände ausgebrochen. Drei Tage lang erhellte die Feuersbrunst den Himmel über der Stadt. 500 Menschen haben in diesem Inferno ihr Leben verloren, 28 000 meist aus Holz errichtete Gebäude wurden zerstört. Der Wiederaufbau dauerte nur vier Jahre. Als die Stadt im Jahre 1915 die Internationale Panama-Pazifik-Ausstellung ausrichtete, war von den Schäden kaum noch etwas zu sehen.

In der Zeit der Weltwirtschaftskrise entstand mit der Golden Gate Bridge nicht nur eine wichtige Transportverbindung, sondern gleichzeitig das unverwechselbare Wahrzeichen der Stadt.

Schon Jahrhunderte, bevor in Chicago oder anderen Großstädten im ausgehenden 19. Jahrhundert die Wolkenkratzer-Bauten aus der Taufe gehoben wurde, errichteten die Indianer des Südwestens ihre Pueblos im Adobe-Baustil mit einem Gemisch aus Lehm, Wasser und zerkleinertem Stroh. Während sich die Baumaterialien seitdem ständig änderten, um modernen Anforderungen zu genügen, blieb die verschachtelte Adobe-Bauweise hauptsächlich in New-Mexiko typisch.

In den Städten wie San Francisco war im ausgehenden 19. Jahrhundert der viktorianische Baustil modern und ziert auch noch heute so manches Viertel. Doch mehr und mehr bestimmen inzwischen moderne Bauten das Stadtbild der großen Metropolen.

Wie z. B. die „Transamerica-Pyramide" in San Francisco oder die Space Needle in Seattle.

So unterschiedlich wie sich die natürlichen Bedingungen des Westen zeigen, präsentieren sich auch Flora und Fauna. Das Pflanzenreich beherrschen kraft ihrer schieren Größe die riesigen Mammutbäume Kaliforniens, von denen es zwei Arten gibt. Der Redwood (Saquoia sempervirens) wächst in den nebelfeuchten Wäldern an den Küsten der nördlichen Landeshälfte, während der mit ihm verwandte Mammutbaum (Sequoia gigantea) sich in der Sierra Nevada auf Höhen von über 1200 m am wohlsten fühlt.

Wir sehen also, dass mitten in einer der trockensten Großregionen der USA Lebewesen gedeihen, die zu den ältesten der Erde zählen. – Grannenkiefern, die mehrere tausend Jahre alt werden können. In den Inyo Mountains im östlichen Kalifornien und im Great Basin National Park am knapp 4000 m hohem Wheeler Peak im äußersten Osten Nevadas stehen noch ganze Wälder dieser uralten Kiefern. Ein Wissenschaftler fand unter ihnen ein ganz besonderes Exemplar, nämlich einen Baum mit der Vermessungsbezeichnung WPN-114. Diese Kiefer mit einem Umfang von 6,40 m wurde 1964 der Wissenschaft geopfert und gefällt. Die Vorgeschichte dieser Aktion begann bereits in den 20er Jahren, und zwar in den Ruinen einer längst untergegangenen Indianerzivilisation im Chaco Canyon im westlichen New Mexiko. Dort machten sich Archäologen daran, anhand von zu Bauzwecken verwendeten Baumstämmen mittels Baumringanalysen das Alter der betreffenden Bauwerke zu bestimmen. Diese Messmethode, die als Maßstab einen noch lebenden, möglichst alten Baum voraussetzt, ließ die Forscher ausschwärmen und nach derartigen Exemplaren suchen. Im Zuge dieser Forschungen stießen die Wissenschaftler schließlich auf erstaunliche Funde: eine etwa 1650 Jahre alte Douglasie im Sun Valley in Idaho, eine 860 Jahre alte Ponderosa-Kiefer im Bryce Canyon, eine 975 Jahre alte Pinyon-Kiefer in Zentral-Utah und schließlich die Grannenkiefer WPN-114 im Great Basin. Nachdem der Oldie gefällt war, ermittelte man ein phantastisches Alter: 4900 Jahre. Damit war eines der ältesten Lebewesen auf der Erde entdeckt worden.

Die Metropole mit ihren knapp 1 Million Einwohnern unterscheidet sich in mancher Hinsicht vom restlichen Amerika. Für Kenner ist sie eine der unamerikanischsten Städte des Landes. Das betrifft nicht nur das eher europäisch wirkende Stadtbild mit steilen und krummen Straßen, sondern auch die Mentalität der Einwohner, die sich im allgemeinen liberaler und modernerer Trends und Strömungen gegenüber aufgeschlossener zeigen als in den anderen Ballungsräumen der USA.

Um auch keine der großen Sehenswürdigkeiten zu verpassen, führt durch ganz San Francisco samt Außenvierteln der 49 Mile-Scenic-Drive, der mit Schildern markiert ist, die eine Möwe zeigen. An dieser Route liegen praktische alle Sehenswürdigkeiten.

Dowtown San Francisco lässt sich bequem zu Fuß oder mit der Cable Car erkunden. Fährt man mit ihr, hat man einen sehr schönen Blick auf die ehemalige Gefängnisinsel Alcatraz. Für uns war alles ein einmaliges Erlebnis.

Unser nächstes Ziel war Los Angeles.

Hat man erst einmal einen Einblick durch die Fahrt über die nicht aufhörenden Stadtautobahnen von dieser 14,5 Millionen Stadt, weiß man nicht, wie der gigantische Knoten aufgelöst werden könnte. Es ist auch kaum vorstellbar, dass sich an diesem Ort vor gut 200 Jahren ein wüstenhaftes Niemandsland ausbreitete. 1781 gründete dort eine kleine Gruppe spanischer Siedler, aus Mexiko kommend, das Pueblo de Nuestra Semore la Reina de los Angeles del Rio de Porciuncula. Bis weit in das 19. Jh. hinein blieb es ein bedeutungsloses Provinzkaff, ehe 1876 der Anschluss ans Eisenbahnnetz das Tor zu einer neuen Ära aufstieß. Bis zur Jahrhundertwende explodierte die Stadtbevölkerung von 11 000 auf 100 000 Einwohner.

Der städtische Hafen, die Erdölindustrie wurden die treibenden Motoren der Wirtschaft. Seit etwa 1910 folgte das Wachstum der Filmindustrie um Hollywood sowie später die Flugzeugindustrie und nach 1945 die Elektronik- und Raumfahrtindustrie.

Mit dem Ende des Kalten Krieges bahnte sich ein Strukturwandel an, dem im südlichen Kalifornien Hunderttausende von Arbeitsplätzen zum Opfer fielen. Gleichzeitig loderten im Frühjahr 1992 in South Central Los Angeles Rassenunruhen auf, die wieder einmal deutlich machten, dass es sich bei der größten Stadt des Westens um ein soziales Pulverfass mit ungeahntem Gewaltpotenzial handelt.

Eine braune Dunstglocke steht fast immer über der zweitgrößten Stadt Amerikas. Die einzelnen Stadtteile lassen sich zwar zu Fuß besichtigen, doch sind die Entfernungen zwischen ihnen teils so beträchtlich, dass ein Auto unentbehrlich ist. Diese Riesenstadt setzt sich aus vielen Stadtteilen zusammen und ist in fünf Regierungsbezirke eingeteilt. Wer versuchen sollte, die Stadt als Ganzes zu bewältigen, würde mit Sicherheit scheitern. Man pickt sich einfach einige Punkte heraus, um sich später ein Bild zu machen.

Uns zog es zunächst zur Downtown. Mitten durch das auf alt getrimmte Viertel zieht sich die Olvera Street mit vielen Marktständen und meist kitschigen mexikanischen Souvenirs. In den Mexikanischen Restaurants fließt die Magarita in Strömen, und auf den Speisekarten spielt Chili con Carne die Rolle unseres Wiener Schnitzels. Etwas weiter nördlich bildet ein fernöstliches Straßenbild Chinatown. Es ist sicher nicht so attraktiv wie das gleichnamige Viertel in San Francisco, doch verleihen auch hier Pagodendächer und bunte Neonreklamen den Straßenzügen einen exotischen Touch.

Hollywood ist für die meisten Besucher von Los Angeles zweifellos ein Hauptanziehungspunkt. Bereits um 1910 begann sich dort die Filmindustrie zu bilden. Mit dem Boom in dieser Branche verstärkte der Stadtteil seine Zugkraft auf andere Bereiche der Unterhaltungsindustrie. Neben Regisseuren und Produzenten fühlten sich Drehbuchautoren, Maler, Musiker und Sänger, Komödianten und Bühnenschauspieler von dort angezogen. Hollywood war zwar seit seinen goldenen Zeiten mehrfach mit der harten Wirklichkeit konfrontiert, vor allem nachdem der Konkurrent Fernsehen nach dem Zweiten Weltkrieg seinen weltweiten Siegeszug begann. Trotzdem zehrt die Gegend auch heute noch von ihrem legendären Ruf und setzt alles daran, dieses Ansehen so wirksam wie möglich in Szene zu setzen. Am Hollywood Boulevard entlang zieht sich der berühmte Walk of Fame. Hier stehen die Namen der Stars auf in die Gehsteige eingelassenen Marmorsternen und erinnern an die bekanntesten Gesichter aus der Unterhaltungsbranche.

Wärmstens empfohlen war uns ein Besuch und Abstecher zum Griffith Observatory, einem der besten Aussichtspunkte von Los Angeles. Weitere Besonderheiten, welche wir aber nicht alle aufsuchten, waren Beverly Hills, Rodeo Drive, Santa Monica und für Kunstliebhaber das Getty Center.

Weltweit die bekannteste Attraktion von Los Angeles ist Disneyland. 1955 war die Eröffnung, und bis heute ließen sich mehr als 350 Millionen Menschen in diesem aus unterschiedlichen Themen bestehenden Märchenpark die Zeit vertreiben. –

Vom Pazifik geradewegs über die Route 2 nach Las Vegas war unser nächster Weg. Seit dem Abschied vom berühmten Highway 1 hat sich die Landschaft völlig verändert. Statt schäumender Brandung und ausgewaschener Buchten kennzeichneten jetzt im Landesinneren Sand und Beifußbüsche, so weit das Auge reicht. Das einzige, was sich im Rundum-Panorama der Wüste bewegt, ist die von der Hitze flimmernde Luft über dem grauschwarzen Asphaltband, welches die Welt der Klapperschlangen und Wüstenhasen in zwei Hälften teilt. Kein Laut, kein Vogel zwitschert, kein Motorengeräusch stört das Schweigen der Einsamkeit. Weit unten im Tal glitzern die weißen Salzkristalle eines ausgetrockneten Sees wie Diamanten. Die Sonora Desert gehört zu den heißesten Flecken Amerikas, eine grandiose Einöde, die erst in den kühleren Stunden des Tages zum Leben erwacht.

In dieser monumentalen Leere liegen die neonbunte, vollklimatisierte Glücksspielhochburg Las Vegas und das sagenumwobene Tal des Todes, von dem sich die einsamsten Straßen des Kontinents in Richtung Sierra Nevada winden. Bis weit ins Frühjahr liegen auf den Höhenzügen dieser Bergkette Schneefelder, während an den Ufern des blauen Lake Tahoe bereits die Wildblumen ihre farbigen Köpfe aus den grünen Bergmatten strecken.

Las Vegas mit seinen 350 000 Einwohnern erlebt seit den 90er Jahren seinen x-ten Kasino-Frühling. Kritiker sagten das Ende der Expansion der neonbunten Wüstenmetropole schon mehrfach vorher, mussten sich aber jedes Mal eines Besseren belehren lassen. Die Kasino-Industrie der Stadt boomt wie selten zuvor. Seit der Fertigstellung von Caesars Palace im römischen Stil war der südliche Strip, wie der Las Vegas Boulevard bei den Einheimischen heißt, der Schwerpunkt der touristischen Entwicklung. Später zog das prunkvolle Mirage mit einem künstlichen Vulkan und einem echten Regenwald in der Hotelhalle nach, ehe das Märchenschloss Excalibur und der Piratenspielplatz Treasure Island folgten, wo stündlich Schiffeversenken auf dem Programm steht.

Mit über 5000 Zimmern ist das MGM Grandhotel samt ausgebautem Vergnügungspark eines der größten Resort-Hotels der Welt. Die 30 Stockwerke hohe Pyramide Luxor protzt nicht nur mit ihrer enormen Größe, sondern mit altägyptischem Ambiente wie originalgetreu nachgebautem Tutenchamun-Grab....

Wir haben alles genossen, aber man muss nicht jedes Jahr dort sein. In den supermodernen Hotels kann man jedoch nur vom Zimmer telefonieren, wenn Bargeld an der Rezeption hinterlegt wurde. Da nützte auch keine Goldkarte!

Man hat kaum einen Höhepunkt verarbeitet, wird man mit neuen, berühmten Sehenswürdigkeiten konfrontiert. Lachsrote Sandsteinbögen, tiefeingeschnittene Canyons, tosende

Wasserfälle und versteinerte Baumstämme, malerische Stauseen, menschenleere Wüstenstriche, jahrhundertealte Felszeichnungen und Ruinen von Indianerbauten. Attraktionen aus der Werkstatt des Großen Manitou. Dieser Teil der USA ist Indianerland mit der größten Reservation überhaupt. Nirgends konzentrieren sich so viele Naturphänomene, reihen sich Nationalparks von Rang und Namen so dicht aneinander wie in diesem exotischen Paradies auf Erden.

Der Hoover-Staudamm, der den Colorado River aufstaut für den nötigen Strom, zählt zu den gewaltigsten Bauwerken des amerikanischen Westens und entstand zwischen 1931 und 1936. Der Fluss wurde durch vier riesige Tunnel umgeleitet, ehe damit begonnen werden konnte, loses Material aus dem Flussbett zu baggern. Die Oberkante des Dammes liegt 221 m über dem Felsfundament, an dem die 210 m dicke Dammbasis dem ungeheueren Wasserdruck standhalten muss. Insgesamt 17 Turbinengeneratoren produzieren durchschnittlich 1,3 Mio. Kilowatt, die dafür sorgen, dass die Hotelkasinos in Las Vegas jeden Abend ihr Lichterkleid anziehen können.

Der Grand Canyon ist eine der berühmtesten Naturkulissen der USA. Bis zu einer Tiefe von 1800 m fraß sich der aus den Rocky Mountains kommende Colorado River in mehreren Mio. Jahren in die Erdrinde ein und legte dabei Gesteinsschichten frei, die mit über 2 Mrd. Jahren beinahe halb so alt wie der Planet Erde sind.

Vom Südrand des Canyons reicht der Blick – am schönsten bei Sonnenuntergang – in den inneren Canyon, wo der Colorado River wie ein silbernes Band seinen Lauf nach Westen nimmt. Das späte Licht des Tages taucht die ausgewaschenen Klippen und Felsvorsprünge in ein fast unwirkliches Theaterlicht. In Rot, Gelb und Lila beginnen die angestrahlten Gesteinsschichten zu leuchten, während sich in den tiefeingeschnittenen Seitenschluchten bereits die Schatten der Nacht ausbreiten.

Unterschiedliche Pfade führen in den Canyon hinab. Doch man hatte uns gewarnt – die Anstrengung beginnt erst beim Aufstieg, knapp 2000 Höhenmeter bei schweißtreibenden Temperaturen, welche in tieferen Lagen gut über 40°C betragen, müssen bewältigt werden.

Unter sämtlichen Landschaften des Südwestens ist das Monument Valley im nördlichen Arizona die bekannteste. Dafür sorgen schon die großflächigen Werbeplakate für Marlborozigaretten. Nachdem Regisseure und Filmproduzenten aus Hollywood dieses typische Indianerland schon vor Jahrzehnten zur Westernkulisse schlechthin erklärten. Ein Tal im herkömmlichen Sinne ist Monument Valley nicht, vielmehr eine erodierte Ebene, in welcher der Zahn der Zeit rote Steinpfeiler und zerklüftete Bergstümpfe entstehen ließ, die sich vor Sonnenaufgang wie ein Scherenschnitt vom hellen Horizont abheben.

Über die Straße 80 wollten wir wieder zurück nach San Francisco, mit einem Stop in der Mormonenstadt Salt Lake City.

Im Westen dieser Stadt, wo sich der größte Salzsee Amerikas ausbreitet, brütet die ausgetrocknete Wüste in einer erbarmungslosen Sommerhitze. In dieser menschenfeindlichen Gegend gründeten die Mormonen Mitte des 19. Jahrhunderts die heutige Hauptstadt des Bundesstaates Utah. Seit Jahrzehnten gehört Salt Lake City zu den saubersten und sichersten Städten Amerikas – und zu den grünsten. In harter Arbeit bauten die Neuankömmlinge mitten in der Einöde ein blühendes Gemeinwesen. Unter den urbanen Ballungsräumen des amerikanischen Westens besitzt die kapitalkräftige Metropole samt ihrer Umgebung als

Hochburg von Bildung, Wissenschaft und Technik längst einen klingenden Namen. Aber auch das dort beheimatete Utah Symphony Orchestra zählt zu den bedeutendsten Ensembles Amerikas.

Hauptsehenswürdigkeit ist der Temple Square, das religiöse Zentrum der Mormonenkirche. In dem 4 ha großen ummauerten Areal erhebt sich der zwischen 1853 und 1893 aus grauem Granitstein erbaute Tempel mit seinem 68 m hohem Hauptturm. Auf diesem thront eine vergoldete Statue des Engels Maroni, die im Innern des Turmes durch ein Pendel stabilisiert wird.

Der im Westen von Salt Lake City liegende Große Salzsee ist nur noch ein Schatten seiner selbst, wenn man ihn an seiner Vergangenheit misst. Er begann sich vor etwa 50 000 Jahren zu bilden und erreichte vor ca. 18 000 Jahren seine größte Ausdehnung. Damals bedeckte der historische, bis zu 300 m tiefe Lake Bonneville sogar Teile von Nevada und Idaho. Klimatische Veränderungen ließen ihn schrumpfen. Gleichzeitig büßte er durch tektonische Veränderungen seine Abflüsse ein und verliert heute Wasser nur noch durch Verdunstung.

Damit verwandelte er sich in einen Salzsee, dessen Wasser einen Mineralgehalt von 20 bis 25% aufweist und etwa achtmal so salzig wie Meerwasser ist. Im See leben keine Fische, nur Salzwassershrimps, die als Nahrung für tropische Fische weltweit vermarktet werden. Genutzt wird der See auch von einer Firma, die Tafelsalz gewinnt sowie Pottasche, Magnesium und andere zur Herstellung z. B. für Kunstdünger und Waschpulver benötigte Mineralien. Früher machte der Great Salt Lake sogar motorsportliche Schlagzeilen, als auf den Bonneville Salt Flats nahe der Grenze zu Nevada Rennfahrer in Raketenautos Geschwindigkeitsrekorden hinterherjagten. –

Wir hatten unsere große Schleife wieder geschlossen. Trotz der gewaltigen Eindrücke und der vielen Erkenntnisse, welche uns gedanklich näher an die Entstehung der Erde gebracht hatten, sehnten wir uns nach fast vier Wochen wieder nach dem „kleinen“ Deutschland und unserer Oase.

Es war ein ruhiger Flug.

Empfang mit Musik

Unser Auto für die große Reise

Golden Gate Bridge

Cable Car, im Hintergrund Gefängsnisinsel Alcatraz

San Francisco

San Francisco

Los Angeles

Regierungsgebäude San Francisco

Im Hintergrund Alcatraz

Wir hatten die Wahl

Las Vegas

Las Vegas

Las Vegas

Great Canyon

Oak Creek Canyon

Stausee am Hoover Damm

Grand Canyon

Montezuma Castle

Monument Valley

Kandelaber Kakteen

Kapitel 22

Lake Bernier, Quebec, Canada

Die einsamen Stunden auf der Jagd in Willmenrod, Westerwald, möglichst noch in Wäldern, welche mein Vater vor 40 Jahren hatte pflanzen lassen, freies Jagen und den Alltag abstreifen können, wie eine Schnecke, die ihr Haus verlassen kann – das war etwas in meinem Leben, was nicht fehlen durfte.
Möglichst an den Wochenenden die Bürden und den Stress vergessen, oder mit ihnen besser leben zu können.

In der gepachteten Jagd im Westerwald, hatte ich mir am Dorfrand ein Blockhaus bauen lassen, um völlig unabhängig Ruhe tanken zu können. Hier schrieb ich einen Teil meiner Bücher, saß Stunden auf dem Hochsitz, ließ mich von den Gedanken treiben und lauschte auf die Stimmen der Natur. Nicht immer war ich allein. Häufig war meine Frau Lisa oder mein Sohn Oliver mit von der Partie.

Als die Pachtzeit der Jagd auslief, im Vorfeld fast mehr Wild überfahren wurde als zum Abschuss freigegeben, die Jogger, Reiter und anderer Unbill die Freuden in den Hintergrund drängten, verzichtete ich auf einen Anschlussvertrag.

Jahre waren ins Land gegangen, die spärlichen Einladungen der „Jagdfreunde" konnte man vergessen, aber die bohrende Sehnsucht nach kompletter Einsamkeit nicht, sie wurde immer größer.

Aber hatte ich nicht eine Frau aus Canada? Sollte hier nicht die Möglichkeit einer Vermittlung gegeben sein, wo man einige Wochen an einem einsamen der tausenden Seen jagen, fischen und leben konnte?

Meine Frau war selbst von dieser Idee begeistert, denn sicher wurde ein Besuch bei der Familie mit eingeplant.

Manchmal muss man nur sein Seerohr ausfahren. Lisas früherer Chef, Serge Tremblay, hatte Kontakt mit dem Outfitter Réjean Lupien. Der wiederum hatte nicht nur ein Wasserflugzeug, eine Hawkins, Typ Otter, von Havilland, Canada, sondern auch in Quebec, im Distrikt Abitibi, eine einsame Hütte am Lake Bernier.

Nach dem aufgenommenen Schriftverkehr waren wir uns schnell einig, Termin August 1995.

Der Hinflug, selbstverständlich über Montreal. Die Familie machte einen zünftigen Empfang, und alle hatten haltbare Lebensmittel, Leckereien und sonstiges für uns vorbereitet, nach dem Motto „Die armen Kinder in der Wildnis alleine!"

In wenigen Tagen folgte der Weiterflug nach Senneterre, wo uns Réjean in Empfang nahm. Das ungünstige Wetter hielt uns in dieser typischen canadischen Kleinstadt eine Nacht fest.

Am nächsten Morgen, nachdem die dunklen Regenwolken sich langsam zurückzogen, starteten wir Richtung Norden, in unser Paradies der Einsamkeit.

Réjean erklärte stolz das Alter seines Flugzeuges – 30 Jahre! Vielleicht auch eine Erklärung, warum unter dem Motor ein großer Plastikeimer an seinem Henkel schaukelte. Er fing sorgfältig jeden Ölverlust, welcher vom Motor tropfte, wieder auf. Ich fragte mich: „Will er die Umwelt schonen, oder wird das Öl noch einmal gebraucht?“

Als Jäger mit den Verhältnissen auf nahezu allen Erdteilen vorkommender Landschaften vertraut, hatte ich meine Ausrüstung wie Waffen, Überlebenssurvival, entsprechende Apotheke, Kompass, Tabletten, Eiserne Ration und dergleichen gut gewählt. Man konnte nie wissen, in welchen Umständen man zu welchen Mitteln greifen musste.

Die klare Über- und Weitsicht aus der Kanzel eines Flugzeuges auf diese grenzenlose, wunderbare und gleichzeitig ungeheuere Seenlandschaft machte mir jedoch sofort klar, hier kommst du mit einer nicht trainierten Frau allein nicht mehr heraus!

Quasi See an See, dazwischen Sümpfe, große Waldabschnitte, sehr selten mal eine Art Fahrweg, machten die Gegend für einen Jäger zum Paradies, aber gleichzeitig ....

Während des Fluges erklärte Réjean uns einiges und fragte mich plötzlich: „Willst Du auch einmal fliegen?“
Verdutzt schaute ich vor mir auf den Steuerknüppel und nickte. Sofort ließ er sein Ruder los und ich war „Pilot“. Nie hatte ich dieses Gefühl, nur die kleinste Bewegung, ja fast nur die Berührung des Steuerknüppels, gab der Hawkins eine andere Richtung. Nach oben, unten, seitwärts, es war für mich ein wunderbares Erlebnis – aber ein unsicheres.

Wir waren etwa 90 Kilometer geflogen, als Réjean auf einen sehr großen, langgestreckten See mit vielen Buchten, Felsinseln und Zuflüssen wies. Unsere neue Heimat!

In einem großen Bogen – die Windrichtung streng beachtend – setzte er sanft auf „unserem“ See auf, und schwamm bis zu einem langen Steg. Erst dann konnten wir durch eine schmale und kurze Schneise unweit unsere Hütte erkennen.

Schnell war alles ausgeladen, und nach kurzer Einweisung war Réjean schon bald wieder in der Luft, wurde kleiner und kleiner.
Alle Verbindungen, bis auf ein Notfunkgerät mit Akku zur Zivilisation, waren abgeschnitten.

Wir richteten uns ein, schleppten alles zur Hütte; Wassertank, Benzinkanister, Gasflasche, Lebensmittel, Waffen und persönliche Dinge. –

Es war eigentlich noch früh am Tag, so dass wir eine erste Erkundungsfahrt mit unserem Boot machen konnten.

Zunächst am Ufer entlang, welches teilweise stark zerklüftet war, dann ins große klare Wasser. Die Tiefe, nach dem sehr trockenen Sommer, war bei 1 – 2 Metern und teilweise wesentlich darüber. Man konnte überall Fische sehen.

Unsere ersten Angelversuche brachten jedoch neben einem mittleren Hecht nur kleinere Fische. Schwere Arbeit dachte ich, wenn wir davon leben müssten. „Freude" machten uns aber immer wieder die Angelschnüre, welche sich schließlich total verheddert hatten.

Wir gaben auf und ruderten unser Boot in aller Ruhe zurück zur Hütte, wo wie zum Empfang ein Entenpaar einflog und uns auf dem Steg erwartete.

Während Lisa am entfachten Ofenfeuer unsere erste Mahlzeit vorbereitete, saß ich noch am Strand und nahm glücklich die fast unheimliche Ruhe in mich auf.

Im schrägen Licht der langsam untergehenden Sonne leuchtete das Gestein am Ufer rosarot. Bei Anbruch der Nacht werden sicher in dem leicht welligen Wasser alle möglichen Farben spielen.

Im Hintergrund hörte ich meine Frau mit den typischen Geräuschen einer Küche, sicher ruft sie bald zum Abendbrot, sonst herrschte absolute Stille.

Als sich leichte Wolken vor den Mond schoben, verdunkelte sich der Himmel zur schwarzen Nacht.

In der Hütte bollerte der Ofen, die Gaslampe gab anheimelndes Licht, und die ersten Salate der Familie wanderten, unter Aufsicht unserer „12 Mitbewohner", in unsere Mägen.

In Anbetracht der deutlichen Mäusespuren hatten wir alle Lebensmittel, die nicht in den Kühlschrank passten, auf diesen gestapelt!

Auf einem umlaufenden Balkensims saßen in Reih und Glied „unsere" Mäuse von der Rasse „Walt Disney". Klein, bräunlich, wolliges Fell und ein mit großen Ohren eingefasstes „Gesichtchen". Sie schauten interessiert unserem Tun zu, wie wir versuchten, die durcheinander verhedderten Angelschnüre wieder in Ordnung zu bringen.

Dann konnten wir ihren Vormarsch auf unsere Lebensmittel genau beobachten.

Mit unserer Selbstsicherheit – an dem glatten Kühlschrank kommt keiner hoch – war es schnell vorbei, als wir feststellten, alle Mäuse haben bei der „Feuerwehr gelernt".

Der gasbetriebene Kühlschrank hatte seine Zuleitung durch ein kleines Kupferrohr von der Decke. Die Mäuse griffen mit ihren Vorder- und Hinterbeinen um dieses Kupferröhrchen und rutschten – wie zum Einsatz – ins Paradies!

Zunächst lachten wir herzlich, dann wurde alles Essbare wieder umgeräumt. Ein Teil noch in den Kühlschrank, ein Teil in den Seesack oder kleinen Koffer.

Doch die Mäuse fanden noch genug, um in der Nacht ihren Dank an uns, durch Streicheleinheiten in unseren Gesichtern, zu zeigen. Letztlich schliefen wir mit unseren Moskitonetzen.

Die folgenden Tage liefen fast nach einem Schema ab. Bei strahlender Sonne lagt Lisa nackt auf unserem Steg, während ich unseren großen See immer weiter erkundete. Die zahlreichen Spuren verschiedenster Wildarten, wie Elch, Bär, Wolf, Biber ließen mein Herz schneller

schlagen. Zu Anfang hatte ich noch mein Gewehr im Boot, bis mir klar wurde, dass eine Bergung und Zuführung zum menschlichen Verzehr allein unmöglich war. Die Gesetze mögen hier ihre Berechtigung haben, aber einen Elch schießen, die rote Arbeit, der Transport.....
Ich beschloss, mich zunächst der Beobachtung und der Fischerei zu widmen.

Erfreut war ich über die Anwesenheit der Biber. An einem größeren Zufluss fand ich eine Biberburg, dort wollte ich mit Lisa in den nächsten Tagen ansitzen.

In aller Frühe, bei Anbruch des Tages, war die Zeit, in welcher ich mich am besten mit der Natur verbinden konnte.
Bei der Pirsch die noch frischen Fährten finden, sehen, wie das Wild in seine Einstände wechselt oder an den Waldrändern noch äsend verweilt, um dann seinen Ruheplatz zu suchen.

Diese Möglichkeit sollte auch gegeben sein, wenn man mit dem Boot sich langsam in der Nähe des Ufers treiben lässt. Gerne wählte ich dabei auch die Einschnitte durch Zuläufe oder versteckte Buchten.

So auch an diesem Morgen!
Am äußersten Ende einer kleinen Bucht, da, wo der Bach in den See einfloss, war bis zum Grund eine helle Klarheit, dass jedes Steinchen auf dem braunen Grund gut zu erkennen war.

Es war ein wunderschöner Tagesanfang, ich atmete tief die frische, würzige Waldluft ein. Fast bis ans Ufer ging der Wildwuchs von Fichten, Kiefern und Beerengehölz. Die schleifende Angelleine hatte ich eingezogen.

Ganz wie bei uns in Deutschland, dachte ich noch, als ein brauner Fleck meine Aufmerksamkeit weckte. Er bewegte sich auch noch im hohen Gras. Dann erkannte ich einen starken Braunbär auf etwa 15 Metern.
Ohne Bewegung, ohne Eingriff konnte ich mein treibendes Boot nicht anhalten. Aber meine Kamera hatte ich griffbereit neben mir.
Der schön gezeichnete Bär hatte jedoch nur ein „müdes Lächeln" für mich über und trottete weiter seinen Weg.

Wenn es auch nur eine „Momentaufnahme" war, so machte mich dieses Erlebnis sehr glücklich! Es war übrigens der einzige Braunbär, welchen ich bei dem Aufenthalt am Lake Bernier gesehen hatte.

Ohne die störenden Geräusche des Außenbordmotors ruderte ich fröhlich zur Hütte, wo meine Frau sicher mit dem Frühstück wartete.

Frischen gebratenen Fisch zum Frühstück, in einer fernen Ecke der Welt, wo im Moment zwei Menschen glücklich waren.

Von meiner zeitigen Angeltour zurück, versuchten wir nun weiter, die mitgebrachten Vorräte zu verkleinern. Heute sollte ein „fauler" Tag sein, weil wir am späten Nachmittag zur Biberburg wollten.

Zeichen ihrer Anwesenheit hatte ich schon vor Tagen festgestellt. Gestaute, stärkere Zuläufe zum See, „gefällte" Bäume in diesem Bereich, Biberburgen, welche nur im Ansatz die Etagen und Unterwasserkammern erahnen lassen, alles hatten wir vor uns.

Jedoch ist die Beobachtung eines Bibers, aufgrund seiner Lebensweise, besonders schwierig. Der Biber ist ein Dämmerungs- und Nachttier. Aktivitäten erstrecken sich in der Regel von ein bis zwei Stunden vor der Dämmerung bis zum frühen Morgen. Man benötigt aber irgendwelche Hilfsmittel, um ihn bei Dunkelheit beobachten zu können.

Einen großen Teil seiner aktiven Zeit verbringt der Biber im oder am Wasser; auch das erschwert die Beobachtung.

Die von uns entdeckte Burg zeigte unzweideutig „Leben“. Am Flussabschnitt, am Seeufer, erkannte man deutlich frische Fraßspuren, begangene Biberpfade und Markierungsstellen. Teilweise waren die in den feuchten Uferzonen gedrückten Fußabtritte fertig für einen Bronzeabguss.

An einem aussichtsreichen Zufluss eines Baches fanden wir am Abend unseren Platz zur Beobachtung einer Biberburg.

Langsam versank die Sonne hinter den grünen Baumgrenzen. Unser See wurde immer größer, und bald war unser Steg zur Hütte nicht mehr zu sehen. Die Temperaturen sanken deutlich, aber wir waren ja noch im August!

Da der Gehörsinn der Biber gut entwickelt ist, kam es darauf an, sich möglichst still zu verhalten. Bei dem hervorragenden Geruchssinn hatten wir die Windrichtung mit einkalkuliert.

Nach etwa zwei Stunden wurden wir von leisem Plätschern und dem plötzlichen Auftauchen eines Bibers am Seeufer überrascht.-
Gut konnten wir beobachten, wie er in sitzender Position begann, sein Fell zu putzen.

Bei einer Entfernung von vielleicht 10 Metern hatte er wohl eine Bewegung bei uns bemerkt – ich wollte die Kamera in Position bringen – und war sofort mit einem Tauchgang wieder verschwunden.

Nachdem wir eine weitere ½ Stunde nur die werdende Nacht beobachten konnten, schlug ich die Heimfahrt vor.

Aus der Literatur wusste ich, Bibermütter bringen bei Gefahr ihre Jungen nicht aus der Burg. Selbst können sie den Bau nicht verlassen, da sie noch nicht tauchen können und der Zugang zur Kammer unter Wasser liegt. Die Bibermütter achten daher streng auf diese Regel, die sicher auch dadurch begründet ist, dass eine Biberburg für alle Raubfeinde – außer dem Fischotter – eine uneinnehmbare Festung ist!

Hatten in früheren Jahren die Eingeborenen nur für den eigenen Bedarf gejagt, gingen im Laufe der Jahre die Indianer dazu über, vom Tauschhandel und über den Tauschhandel zu leben. Ganz gleich, um welche Art von Fellen es dabei ging, der Wert wurde stets in Biberfellen umgerechnet.

Der Biber war sozusagen die „Währung“.

z.B. 2 Pfund Zucker – 1 Biberfell
1 Paar Stiefel – 2 Biberfelle
1 Pfund Tabak – 1 Biberfell
1 Revolver jedoch schon – 4 Biberfelle

Erst auf „Hoher See“ startete ich den Außenbordmotor, fast ein Frevel in dieser Stille der Einsamkeit. Nur die Leuchtkraft des noch nicht sichtbaren Mondes zeigte uns den Weg zur Hütte.

Nur dort, wo das Ohr die Stimmen der Stille vernimmt, den Schlag des eigenen Herzens hört, vermag der Mensch zu sich selbst, zu seiner Persönlichkeit und damit zu seiner Würde zu finden.

Der Jäger muss die Beziehung zur Natur über das jagdliche Geschehen suchen, denn die Jagd ist nun einmal ein Teil des natürlichen Ablaufes. Aber die Jagd wiederum nur als rohes Handwerk zu sehen, bedarf weiterer Aufklärung.

Leider wird die Jagd aber durch die Vorschriften über die Rücksichtnahme für Land- und Forstwirtschaft immer mehr zurückgedrängt. Der Jäger muss daher seine große Passion zügeln und sich mehr dem Beobachten, dem Lauschen der Stimmen der Natur sowie dem Genießen der Landschaft widmen.

Die wunderbare Stille des kommenden Morgens, des sonnenflutenden Tages, des verglühenden Abends kann man leider immer seltener im Lärm und Hektik unserer modernen Welt finden.

Die erlebten Stunden hier am Lake Bernier sind daher für mich Tage der Jagd, unvergessene Tage, wo es nicht entscheidend ist, wenn der Lauf der Waffe blank bleibt. Der Rückblick zum Ansitz in dieser großen Stille ist für mich ein besonderes Erlebnis.

Seit Stunden hatte ich mich in einem Winkel angesetzt, welcher vom Wind und vom Ausblick vielversprechend war. Fast an das eine Ende des großen Sees war ich heute morgen gefahren und gerudert, hatte den Haken der Angel mit Würmern geködert und den einen und anderen Fisch gefangen – die großen waren zu vorsichtig.

Da trieb das Boot mich in eine malerische Ecke. Beim Anlegen zog ich das Boot leicht aufs Ufer und suchte in der näheren Uferzone einen Ansitz. Gerade der frühe Vormittag, mit dieser fantastischen Stille, war vielversprechend. Die Sonne musste einfach locken.

Etwas erhöht, leichte Deckung durch kleine Sträucher und Bäume, wartete ich wie auf einem Hochsitz zu Hause.

Mit vorsichtigen Bewegungen ordnete ich noch einige Zweige durch Drehen und Verflechten, so dass ich gedeckt den größten Teil vor mir sehen und fotografieren konnte.

Langeweile quälte mich nicht, im Gegenteil. Nur ein kleiner Streifen gab mir noch den Blick frei.

Nach mehr als einer Stunde, ich hatte mich kaum gerührt, musste ich meinen Hut mehr ins Gesicht ziehen, den Kragen höher schlagen, um mich gegen die lästigen Stechmücken zu schützen, hörte ich leichte, fremde Geräusche.

Zwischen den Fichten bewegte sich etwas Dunkles, Größeres – ein Elch? Dann sehe ich deutlich die schwarz-braune Rückenfront, zwei helle Hinterläufe – ein lang gestrecktes Haupt. Eine Elchkuh!

Sie bewegte sich völlig vertraut und äste an den jungen Trieben der Sträucher. Immer wieder schüttelte sie ihr Haupt und schlackerte mit den Ohren, sicher auch die penetranten Mücken.

Sollte vielleicht ein Elchbulle auf der Fährte sein. Eigentlich noch zu früh, doch das Jagdfieber schüttelte mich.

Da, etwas Braunes im Unterholz – hatte der Herr sich niedergetan?
Aber es war nur der Wunsch der Vater des Gedankens. Ein junges Kalb folgte mit Abstand der Mutter. Ein herrliches Bild, bei völliger Ruhe.

Meine Fotografie drückt eigentlich alles aus.

Freudig nehme ich den Augenblick in mich auf. Völlig frei, groß, dunkelbraun die Decke in der Sonne, habe ich die Elchkuh und ihr Kalb fast eine halbe Stunde vor mir.

Auf dem Rückweg steht mir plötzlich, vielleicht auf acht Metern, ein Waldhuhn, später klassifiziert als Franklin Grouse, gegenüber. Verlässt sich das Tier auf seine Tarnfarbe seines dunkel- und hellbraun gesprenkeltes Gefieder? Es rührt sich nicht, erweckt den Eindruck vollkommender Sicherheit.

Aber dann erkenne ich die „Eigenschaft der Unbeweglichkeit". Nach einer Weile kam ein, nein zwei – drei Küken aus dem hohen Gras und hüpften, flatterten in die nächste Deckung. Das Muttertier gurrte und flog schnell hinterher. Ohne Zweifel wollte das Waldhuhn die Aufmerksamkeit auf sich lenken, damit die Nachzügler ungefährdet zu den anderen Küken huschen konnten.

Irgendwann muss man sich auch von diesem Platz der anmutigen Begegnung trennen. Ich schulterte meine Waffe und suchte leise den Weg zum See.

Die Elchkuh und ihr Kalb waren verschwunden. Unglaublich, wie sich solch ein großes Tier hinter ein paar Zweigen so schnell unsichtbar machen kann.

Dafür ragten nun senkrecht vom Wasser lange, kräftige, schwarze Vogelhälse. 5 – 6 Canada-Gänse schwammen hintereinander, fast feierlich ans Ufer, ästen lautlos am Ufer hin und her, doch immer wachsam um sich blickend. Schön sind sie, lackschwarzer Kopf, Schnabel, Hals und Fuß grau, das Gefieder teilweise bräunlich und leuchtende weiße Wangen.

Ich genoss hier diese Abgeschiedenheit der Natur – besonders in der Zweisamkeit mit einem Menschen, der mir mehr bedeutete als alles andere auf der Welt.

Langsam ging ich zu meinem Boot.-

Hinweis für Interessierte:

Die Vitamintabletten im Survivalpaket sind eine hochkonzentrierte, polyvalente Vitamin-Mineral-Kombination, „cobidec" von PARKE-DAVIS, München 2.

Die alte treue Hawkins

Lisa hat gekocht

Bärenspuren vor unserer Hütte

Ich liebe die Einsamkeit

Elchkuh mit Kalb

Nur der Mond war Zeuge

Lisa schaut zur Hütte

Braunbär

Hier „müssen“ Biber sein.

Wir nehmen Abschied von „unserem See“

Kapitel 22

Etwas fehlte noch.....

1996 – seit einigen Jahren konnten wir mit Stolz auf unser RIW-Bürocenter Ost blicken. Eine mit rötlichem Granit eingefasste Fassade machte das Gebäude zum Blickfang am Ufer des Vinckekanals, einer Wasserstraße, welche u. a. zum Container-Terminal I „duisport“ führt.

Eine Tiefgarage, Empfangshalle und sechs Geschosse gaben mehreren Schifffahrtsfirmen eine neue Bleibe.

Aber ich gab mir keine Ruhe. Wenn ich auf die alten, ausrangierten Gebäude, Vinckeweg 15, schaute, wollte ich schon wieder die Welt verändern. Die neue Halle (7), mit Großmaschinen, zwei 10-Tonnen-Kränen, hatte die Produktionsflächen hervorragend abgedeckt. Jetzt konnte man an die eigenen Büros denken. Sie waren lange zu klein, hatten nicht das richtige Format und repräsentierten nicht mehr die weltweiten Geschäfte.

Warum nicht vorsichtig an die weitere Gestaltung des von der Harpen AG erworbenen Geländes gehen?

Mit meinem bewährten Architekten, Walter Grohmann, wurde ausführlich diskutiert und ein Konzept erarbeitet. Jede Möglichkeit wurde dezidiert untersucht, wahrgenommen und schließlich verwirklicht. Details in vielen Besprechungen sondiert.

Eine Tiefgarage für 70 Fahrzeuge sollte die Grundfeste werden. Nach dem Hochwasser der letzten Jahre wurde die Nullebene bestimmt. Schließlich erhielt das auch seit Jahren für uns arbeitende Bauunternehmen Vollmer wieder den Auftrag für den Rohbau. Harte Verhandlungen, Festpreise für die einzelnen Gewerke, Terminabsprachen etc. folgten.
Das Bauvolumen lag bei rund 6,5 Mill. Euro.

Eine sehr wichtige Aufgabe im Vorfeld war natürlich, die entsprechenden Mieter zu finden. Von der RIW-Gruppe sollten in der ersten Phase 4 (RIW-Assekuranz wurde immer größer) von den 7 Geschossen genutzt werden. Ein sehr schönes Penthouse war für Daniel, den Sohn meiner Frau vorgesehen.

Mit der Baugenehmigung hatte ich keine Probleme. Und schon bald waren, nach den genehmigten Plänen, die Statik und die Bauzeichnungen fertig.

Bei den Abbruch- und Gründungsarbeiten für die Halle (8) und RIW BC-West wurden einige alte Gebäude abgerissen sowie teilweise verseuchter Boden entsorgt, bevor mit einer größeren Pfahlgründung flächenweit begonnen wurde.

Überall fand man Spuren und Wunden der vorübergerollten Walze des II. Weltkrieges. Die in meiner Kindheit empfangenen Eindrücke aus dieser Zeit wurden wieder lebendig. Ich war aber in diesem Moment nicht dazu bereit, dass sie meine Visionen durchkreuzten.

Mit der Bauverwaltung der Stadt Duisburg hatten wir über die gesamte Bauperiode keine Probleme. Verlässlich war auch wieder die Firma Vollmer.

Der Rohbau war mit den Arbeiten des dritten Geschosses fertig, als ich auf einer Geschäftsreise in Singapur war. Die ausgesprochen ansprechende Architektur dort gefiel mir ganz besonders. Ein mehrgeschossiges Gebäude hatte in einer höheren Etage an einer Ecke eine auskragende Rundung, welche dem Haus einen besonderen Reiz gab.
Das wollte ich an unserem neuen Gebäude umsetzen!

Der Architekt war nicht unbedingt begeistert, aber ihm gefiel die Abwechslung. Ein Deckblatt bekam die alte Zeichnung, die Stadtverwaltung stimmte zu, und ohne Verzögerung konnten die Arbeiten weitergeführt werden.

Die auskragende Rundung hat einen Durchmesser von sechs Metern und schwebt mit einem Teil fast über dem Wasser. Ein „Runder Tisch" für 10 Personen gibt meinem Büro jetzt eine besondere Note und stimuliert so manche Diskussion.

Insgesamt wurde der Zeitplan eingehalten, und auch das Budget blieb im Rahmen.

Seit einigen Jahren haben wir nun Freude an diesen beiden modernen Gebäude. Die Entwicklung der Firma RIW-Maschinenbau GmbH kommt voran, und nach dem Motto „Stillstand ist Rückgang" hatte ich schon wieder neue Pläne.

Nach unserem Umzug und etwas später der Aufgabe der Produktion der RIW-Isolierwerke GmbH wurde zügig die bebaute Ecke Vinckeweg/August-Hirsch-Straße zum RIW-Bürocenter Süd umgebaut.

Mit teilweiser Hilfe der Mietinteressenten ist dies sehr gut gelungen. Im Moment werden das Erdgeschoss und die erste Etage von vier namhaften Firmen angemietet.

Die Firma RIW-Holding AG hatte sich in den letzten Jahren, flächenmäßig und geschäftlich, zu einer interessanten Gruppe entwickelt.

Aber der Boss gab keine Ruhe.

An der einen Seite unseres Geländes, dem Vinckeweg, stieß man nun an ein modernes Gebäude der Sozietät Vossmeyer, aber auf der anderen Seite, der August-Hirsch-Straße, war noch Pachtgelände der Hafag.

Eine Reederei war seit 30 Jahren Pächter. Vorsichtige Gespräche mit dem Pächter zwecks Übernahme der Grundfläche fanden keine Akzeptanz. Der Pachtvertrag lief noch drei Jahre. Fast waren es geheime Verhandlungen, die ich mit dem Vorstand der Hafag führte. Es ging um 6.700 Quadratmeter auf mehreren Parzellen.

Meine Vorschläge, diese später von den alten Gebäuden entsorgte Fläche sollte die Hafag um zwei Meter erhöhen, mit gleichzeitiger Anpassung der Kaimauer, darauf würde RIW in spätestens zehn Jahren ein lukratives Gebäude errichten, stieß bei dem unserem Hause zugeneigten Vorstand auf keine tauben Ohren.

Ein Vertrag wurde ausgehandelt, unterschrieben, und ein weiterer Grundbesitz vergrößerte das Gelände von RIW auf 19.500 Quadratmeter.

Gestatten Sie mir quasi zum Abschluss die Wiedergabe eines Artikels des Unternehmer-Verbandes Duisburg:

„Im Herzen von Duisburg-Ruhrort, am Vinckekanal, hat die Holding der renommierten Firma Rheinische Industriewerke Aktiengesellschaft (RIW) ihren Sitz. Aus dem rundum verglasten Arbeitszimmer von Holding-Chef Heinz-Joachim Michel bietet sich ein fantastischer Blick über den größten Binnenhafen der Welt: Kräne, Container, Werkshallen, Werften und Umschlagplätze, soweit das Auge reicht.

Einen größeren Steinwurf entfernt von der Schaltzentrale des weltweit tätigen Unternehmens soll bald ein neues, exklusives Bürogebäude entstehen. Die RIW ist sich der besonders attraktiven und verkehrsgünstigen Lage am Standort Ruhrot bewusst. Für den Neubau liegen bereits konkrete Entwürfe vor. Die Planungen reichen von einem vierzehngeschossigen „Vierscheiben-Hochhaus“ bis zu einem sechsgeschossigen Gebäude, dessen Abschluss auf der obersten Etage durch eine Weltkugel mit einem Durchmesser von 22 Metern, für ein eventuelles Restaurant, geziert wird.

Das Gebäude soll zu einem markanten Blickpunkt im Duisburger Hafenviertel werden. Marmor, Granit und Glas zählen zu den bevorzugten Baumaterialien.

Das Gebäude würde sich einreihen in eine Vielzahl bereits realisierter Bauten, welche die RIW Holding AG in Planung und Ausführung begleitet hat. Neben Bürogebäuden zählen hierzu auch Industriehallen und Wohnhäuser. Die Verpachtung erfolgt an zur RIW-Gruppe gehörende Firmen, aber auch an Industrieunternehmen unterschiedlichster Branchen.

Die Wurzeln der Firmengruppe liegen in der 1924 gegründeten Firma Rheinische Isolierwerke GmbH, welche sich mit Wärme-, Kälteschutz und Dämmstofftechnik beschäftigte. Das vom Vater des heutigen Chefs geschaffene Unternehmen ist zu einer weit verzweigten, export-orientierten Firmengruppe mit Vertretungen in aller Welt geworden.

Zu den erfolgreichsten Geschäftsfeldern der breit aufgestellten Gruppe zählt der Maschinenbau, der als Konzerntochter RIW-Maschinenbau GmbH mit elf Mio. Euro am Gesamtumsatz beteiligt ist. Die technologische Entwicklung und Fertigung von Krankomponenten stehen im Vordergrund.

Hydraulische- und Elastomere Puffer, Trommel- und Scheibenbremsen, Bremsbacken aus unterschiedlichen Werkstoffen, Gummierte Bremsringe, Laufräder, Seilrollen, Seiltrommeln und Kupplungen – auch in Sonderwerkstoffen. Spezialität sind Unterflaschen nach RIW-Normen oder Kundenwünschen, in Normalausführungen oder elektromechanisch drehbar, bis zu 800 t Tragkraft. Getriebe gehören ebenso zur Produktpalette wie Schienenzangen, Kranschienenschmierungen und dergleichen. Im Jahre 2005 wurden u. a. ein 400 Tonnen Gießpfannengehänge, eine 200 Tonnen Tragkraft Unterflasche, mit elektromechanischer Drehvorrichtung für Finnland, eine Trommelbremse mit 2000 mm Durchmesser, als Sonderaufträge gefertigt.

Sehr erfolgreich ist u. a. auch die vor zehn Jahren gegründete „RIW-Assekuranz Bureau GmbH“. Sie hat heute mehrere große Industrieunternehmungen, etwa eintausend Schiffe, eine Rennbahn, Kraftfahrzeuge, Wohnhäuser und v. a. m. versichert.

Aber auch Beteiligungen auf dem Industriesektor oder der Gummitechnik tragen mit zum Erfolg bei.

Man kann sagen, „die Wurzeln haben sich stark verzweigt.“

Kuddel kannte „alle“ Seemannslieder

Wull hett mi dat Leben all min Lengen stillt,
Hett mi allens geben, wat min Hart nu füllt –
Allens is verswunnen, wat mi quäl' un dreew,
Heff dat Glück ook funnen, doch de Sehnsucht bleew.

Aus dem Friesischen

Epilog

Bei der ersten Idee, sein Leben aufzuschreiben, sozusagen Revue passieren zu lassen, kommt sofort die Frage, bist du denn schon so alt?

Es gehört schon ein bisschen Mut dazu, denn man wird ja über andere auch schreiben müssen.

Ich meine, ein gewisses Mittelmaß gefunden zu haben. Vielleicht hätte man noch mehr schreiben können, sicher habe ich auch jemanden vergessen.

Oder man hat sich bewusst zurückgehalten, um nicht alle Gefühle zum Ausdruck zu bringen.

Bei meinen jagdlichen Exkursionen waren Sonne, Wind, Schnee und Eis für mich die Quellen meiner Inspiration.

Drei große Perioden haben mein Leben gekennzeichnet, mir meinen Stil aufgedrückt, mir manches klar gemacht, aber auch zum relativen Erfolg geführt.

An erster Stelle nenne ich hier meine liebe Frau Lisa. Sie hat ihre Zelte in Canada abgebrochen, mir neuen Lebensmut geschenkt und Kraft gegeben, meine Vorstellungen zu realisieren.

Meine Firma. Hier glaube ich, dass mein unbändiger Wille erst das Durchsetzungsvermögen im Kampf „Einer gegen Alle“ möglich gemacht hat. Ich will es nicht überbewerten, aber ich bin stolz auf das Erreichte.

Woher nahm ich die Kraft für das alles?

Meine Verbindung zur Natur, mein Leben als Jäger in aller Welt, die dabei gesammelten Erkenntnisse anderer Menschen und Rassen, letztlich der Kampf und Sieg in manchen Situationen gegenüber wehrhaftem Wild, hat mir ein besonderes Stehvermögen gebracht.

Ich bin überzeugt, dass ich es nicht allen recht gemacht habe, Neider und Besserwisser mal zurückgestellt, aber Erfolg ist nicht nur Tüchtigkeit, sondern das „Ankommen beim Menschen“, Freundschaft finden ....

Für einige wenige Freunde ging ich auch heute noch durchs Feuer!

Heijo Michel

Weitere Bücher aus unserem Verlag:

„Karpatenhirsche“ · Emil Witting

Tierschicksale aus den rumänischen Bergen.

Herzhaft und mit einer „Sprache“, die heute nicht mehr geschrieben wird, bringt der Verfasser etwa im Stile Hermann Löns' Sie unter ein Rudel Hirsche. Sie nehmen teil am Ablauf des Lebens und der Jahreszeiten mit allen Kämpfen gegen die Gewalten der Natur, praktisch teilweise aus der Sicht der Tiere. Ein vor allem mit seinen hervorragenden Aufnahmen ansprechendes Buch.

Format 17 x 24 cm, 196 Seiten, 37 Farbbilder, Efalin

ISBN 3 – 923270-00-3 **€ 17,—**

„Bei den Sonnensöhnen der Kordilleren“

Kurt R. Renner · Menschen, Tiere und Kulturen

Machu Picchu, sagenumwobene Wüstenzeichnungen – geheimnisvolle Welt der Inkas. K. Renner erfüllt sich einen Jugendtraum mit seinen Exkursionen zu den Indianern Perus. Geschickt versteht er es, seine Leser in die heutige Welt der Kordilleren zu führen, weiß über Tiere und alte Kulturen zu berichten.

Format 17 x 24 cm, 208 Seiten, Balacron, 61 farbige Abb. und Zeichnungen

ISBN 3 – 923270-04-6 **€ 17,50**

Eduard Kettner – Jagdwaffenkunde

Walter Biertümpel,
H.-Joachim Köhler

Ein Lehrbuch für alle, die sich auf die Jägerprüfung vorbereiten oder einfach mehr über Jagdwaffen, Patronen, Ballistik, das Schießen mit Büchse und Flinte, usw. wissen wollen. Die Autoren aus dem Hause EDUARD KETTNER, dem weltbekannten Jagdausrüstungsspezialisten, sind selber Jäger und durch ihre berufliche Tätigkeit eng mit den Waffen und der Jungjägerausbildung verbunden. Sie stellen das große Gebiet umfassend und verständlich dar. Viele Abbildungen und übersichtliche technische Zeichnungen erleichtern den Einstieg in die Materie. Dem Thema Jagdwaffenkunde, eine interessante Bereicherung der vorhandenen Literatur, wird in der Jägerprüfung eine große Bedeutung beigemessen, die es auch für den schon oder bald aktiven Jäger nie verlieren wird.

Format 17 x 24,5 cm, 192 Seiten, 200 Zeichnungen, 200 Fotos, Cellophaniert

ISBN 3 – 923270-02-x **€ 12,—**

„Kanina“ · Fred Bodsworth

Roman

Lassen Sie sich verzaubern von der Schönheit, Rasse und Klugheit der Indianerin Kanina, erleben Sie mit ihr tiefes Leid, welches durch die mangelnde Einsicht der menschlichen Gesellschaft entstehen kann. Entdecken Sie, wie die zarten Bande der Liebe zwischen zwei Menschen unterschiedlicher Kulturen wachsen. Spüren Sie die Härten des Lebens in der rauen Wildnis Kanadas, und nehmen Sie teil an der Romanze eines Ringel-Ganters der Westhebriden, dessen ganze Zuneigung einer Kanadagans gehört.

Format 17 x 24 cm, 232 Seiten, Efalin

ISBN 3 – 923270-06-2 **€ 15,—**

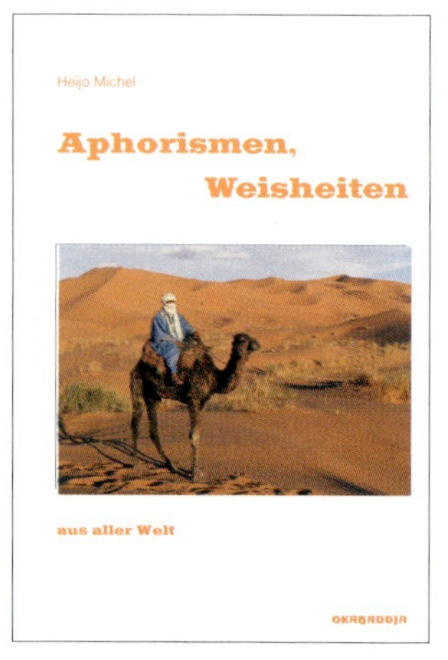

„Aphorismen, Weisheiten aus aller Welt“ · Heijo Michel

Bei seinen Exkursionen, Streifzügen und Geschäftsreisen hat der Verfasser durch seine vielen Gespräche ein feines Gespür für gut platzierte Sprüche bekommen.

Dies führte zu einer Sammlung von ausgewählten Aphorismen, welche oft in klaren und geistvollen Worten überraschen und zum Nachdenken anregen.

Durch begleitende, ausgezeichnete Farbaufnahmen wird dieses Buch zu einer ausgesuchten Sinnesfreude.

Format 17 x 24 cm, 212 Seiten, 42 Farbbilder, Efalin

ISBN 3 – 923270-09-7 **€ 11,—**

„Die Blaue Blume“

Karl-Heinz Gomilsek

Jagen im Dschungel Kameruns

Karl-Heinz Gomilseks Suche nach der Blauen Blume führt uns durchs wilde Kurdistan, durch Wüsten und Savannen und durch die Urwälder in Kamerun und Kongo. Der Autor, Naturfreund aus Passion und begeisterter Jäger, bereichert mit seinen Schilderungen die vorhandene Jagdliteratur bestens.

Sein Aufenthalt in mehreren Ländern führt uns deren Kontraste eindrucksvoll vor Augen und lässt uns einfach dabei sein.

Format 17 x 24 cm, 208 Seiten, 72 Farbbilder, Efalin

ISBN 3 – 923270-11-9 **€ 17,50**

„Weltweit die Passion mich trieb“ · Heijo Michel

Umfassend schildert hier der Verfasser 25 Jahre bewegten Jägerlebens. Er hat in den Jurten der Mongolen und den Iglus der Eskimos geschlafen, hat mit Indianern und Negern an Lagerfeuern gesessen, Scherpa des Himalaja sowie Bewohner der Wüsten waren seine Begleiter, er jagte in einem Teil des indischen Dschungels und an den Ufern des Orinoco. Die Kontraste mehrerer Kontinente werden dem Leser eindrucksvoll geschildert, wobei in manchen Situationen die Rückbesinnung versucht, ein bißchen tiefer nach den Wurzeln unseres Seins zu suchen.

Angereichert wird das Buch durch brillante Farbaufnahmen, Karten, Skizzen und Tabellen.

Format 21 x 29,7 cm, 336 Seiten, 204 Farbbilder, Kivar 5

ISBN 3 – 923270-05-4 **€ 37,—**

„Faszination Wüste“
Heijo Michel

Reisen und Jagen in Nordafrika und Arabien

Wieder einmal hat der Verfasser einen Abschnitt seines Lebens zu Papier gebracht.

Er hat seine Liebe zum schwarzen Kontinent auf die Sahara konzentriert und versteht mit seinen Worten den Leser mitzureißen. Sei es bei der Jagd auf Aoudad, dem Mähnenschaf, bei der Beizjagd mit den Beduinen oder wenn er zu jahrtausendalten Kulturschätzen führt, immer wieder spürt man die Verbindung zur Natur.

Man ist geradezu dabei, wenn die Wüste und die Nacht sich zum Schweigen verbinden, erlebt mit ihm Sandstürme, Strapazen, aber wird auch fasziniert von den Wundern und Geheimnissen der größten Wüste unserer Erde.

Hervorragende Farbbilder zeigen die unverfälschte Natur Nordafrikas.

Format 21 x 29,7 cm, 272 Seiten, 205 Farbbilder, Kivar 5

ISBN 3 – 923270-10-0 **€ 39,—**

„Jeder geht seinen Weg“
Heijo Michel

Diesmal nimmt der Verfasser sein Leben ins Visier. Seine Autobiographie zeigt ein bewegtes Leben. Er lässt nichts aus, denn er hat als junger Mensch den fürchterlichsten Kampf der Menschheitsgeschichte, den Zweiten Weltkrieg, hautnah miterlebt. Zerstörung, Flucht und Wiederaufbau sind nur einige Stationen. Alle Kraft setzte er in den Aufbau seiner Firmengruppe, blieb jedoch dabei der Natur, Jagd und extremen Exkursionen treu. Beherrscht die schwierigen Zeiten der Trennung seiner Eltern und aber auch den Weg aus dem Zusammenbruch seiner Ehe. Findet das große Glück in Canada. Ein Mann, für den Misserfolg ein Unwort ist. Er hat etwas zu erzählen!

Gute Bilder unterstützen seine Worte und lassen Sie dabei sein.

Format 21 x 29,7 cm, 236 Seiten, 182 Farbbilder, Kivar 5

ISBN 3 – 923270-12-7 **€ 39,—**

Großformatige Kalender,

mit reproduzierten Zeichnungen, Gemälden etc. unter naturbezogenen Aspekten gewinnen jedes Jahr neue begeisterte Anhänger. Gut geeignet und beliebt als Werbeträger bei Firmen.

Format 31 x 44 cm **€ nach Abnahme**

RIW-Verlag Okahandja GmbH

Druck · Werbung · Kunstkalender

Vinckeweg 15 · Postfach 13 06 61 · 47106 Duisburg · Tel. 02 03/80 96-130 · Fax 02 03/80 96-197

www.riw-group.com **e-mail: info@riw-group.com**